いかにして人物となるか

先哲に学ぶ「器量」を大きくする生き方

伊與田覺
iyota satoru

致知出版社

まえがき

本年、私は九十八歳になりました。十年程前に白内障の手術をいたしましてから眼鏡なしで極《ご》く小さな文字までもよく見えるようになり、忽《たちま》ち人生観が一変いたしました。そうして美しい物とともに醜《みにく》い物も差別なく見えるようにもなりました。

例えば自分の顔には皺《しわ》や染みもなく写真映りもよく、些《いささ》か得意に思っていましたところ、小皺は多く、小さな染みが顔はもとより頭髪の中にまではびこっているのを発見して、やるせない自己嫌悪に陥りました。更に日々の調息《ちょうそく》によって心の鏡が澄むにつれ自分の欠点短所はもとより些細《ささい》な過誤が明確に映り、人知れず悩むことが多くなりました。

そういう状態の昨年、図らずも人間学探究を社是とされる致知出版社様から「いかにして人物となるか」を標題とする長期講座に、拙話《せつわ》を懇望されたのであります。然《しか》し九十八歳の迂老《うろう》、耄碌《もうろく》は日に進み、却《かえ》って御期待に叛《そむ》くことになるやも知れず、甚《はなは》だ躊躇逡巡《ちゅうちょしゅんじゅん》いたしました。その中に思いきや、いずこからか囁《ささや》きがありました。「反面教師ということもあるではないか」と。そこで百尺竿頭《ひゃくしゃくかんとう》一歩を進めて老醜《ろうしゅう》を曝《さら》したわけであります。したがって縁あって拙著をご笑覧くださる方は、忌《き》憚《たん》なく御批正を賜りますよう切にお願い申し上げます。

茲《ここ》に遇い難い知己の御道情を賜りました藤尾秀昭社長さまと柳澤まり子専務さまに併せて、編集部の篠原隼人さまの御労苦に対して深甚《しんじん》なる敬意と謝意を表する次第でございます。

平成二十五年一月二十七日

有源舎に於て

九八迂叟　伊與田　覺

いかにして人物となるか／目次

第二講　孔子、王陽明、中江藤樹の目指したもの

第三講　孔子が説いた人間学

第四講　王陽明の生き方に学ぶ

第五講　中江藤樹の求めたもの

第六講　総　括

装　幀——川上成夫
編集協力——中田健司

第一講

いかにして人物となるか

私は学生時代から安岡正篤《やすおかまさひろ》先生に師事し、以来、四十八年間にわたって先生に親《しん》炙《しゃ》する幸運に恵まれました。そして先生が亡くなる前日、先生の手をもみながら、「道縁《どうえん》は無窮《むきゅう》だね」という言葉を遺言のように賜りました。道を求める人の縁は窮まりないということです。本講を通じて皆さんとも道縁で結ばれたという思いを胸にしまって、これからご一緒に、「人物」に成るための学びを進めていきたいと思います。

私は、いまから四十三年前の昭和四十四年、大阪府・生駒《いこま》の国定公園内の辺鄙《へんぴ》な場所に「成人教学研修所」という学習の場をつくり、山にこもる生活を始めました。そのとき安岡先生に「わしの失敗を繰り返すな」ということを言われました。

なぜかというと、先生は大学をご卒業後、特に政界に出るというわけでもなく、官界、経済界の人にもならずに、「天下に有為《ゆうい》なる人物をつくりたい」という一点で、大正五（一九一六）年に「金鶏《きんけい》学院」と名づけた学校を創設されました。同校は当時の一般的な学校と違って、いわゆる師弟同行といいますか、先生と学生が寝食をともにしながら互いに研鑽《けんさん》を積んでいくという目的でつくられた学校です。

先生も、始めのうちは学生さんと一緒に「金鶏学院」におられたのですが、徐々に先生ご自身が有名になってまいりますと、あちらこちらから「お話を伺いたい」と声をかけられるようになり、学院を留守にすることが多くなりました。

同校には、個性の強い人物ばかりが集まっています。先生が学院におられる間は、皆一所懸命に勉強するものの、先生がおられないときには、それぞれの個性がぶつかり合って争いが起こり、学徒間がバラバラになるなど、先生の思うようにはいかなくなってしまいました。そのため先生は、「金鶏学院」を閉じてしまわれました。

これが先生の「失敗」です。そして私には、「わしと同じ轍《てつ》を踏まないよう、山から出るな」というアドバイスを授けてくださったのです。

そこで私は、先生の教えを守って三十五年の間、講演を頼まれても山を下りませんし、書物も出しませんでした。「仙」という字は「イ（ニンベン）」に、つくりが「山」ですが、文字通り、まるで仙人のような生活を続けてきたのです。歳をとれば仙人になる薬、すなわち仙薬《せんやく》でもつくれるのではないかと思っていました（笑）。

しかし、仙薬はなかなかできず、結局私は事情により山を下りることになりました。「お前はこれから娑婆《しゃば》に下りて、もう一回、苦労せえ」と言われたように思いました。

「俗」という字は「イ（ニンベン）」に「山」ではなく「谷」と書きますが、まさに「一度、俗人に還れ」という示唆だと考え、下りてまいったのであります。それが、ちょうど八十八歳の時でした。


長い人生の後半を仙人になるつもりで山の頂上に居住していましたから、「ここから上は天より他にない。そのうち天からのお迎えもあるだろう」と思っていました。そのため、俗人になるにはかれこれ一年ほどかかりました。そのきっかけとなったのは、思いがけなく、ある研修会社で「『論語』の精神を主とする、社長塾を開きたい」というので、その講師を懇願《こんがん》されたことです。

私も年齢的に、そう長くは生きていないと思っておりましたから、長期契約をしますと先方にご迷惑をかけることになります。そこで「一年くらいならなんとかなるだろう」と考えてお引き受けしました。

そうしたら、えらいもんです。当時、『論語』はいまほど世間の関心を集めておりませんでした。ところが世の中には変わった人も多いようです。予想を上回る受講者が全国から集まってまいりました。

会場は、松下幸之助さんが「昭和維新」を夢見て、明治維新の志士の遺徳を顕彰する目的で設立した「霊山《りょうぜん》歴史館」でした。同館はちょうど私の郷土（高知県）の先達になる坂本龍馬と中岡慎太郎のお墓の前にあり、このことも私が講師を引き受けた理由の一つでした。まさに、火は消えなんとするけれども、火鉢の中の埋《うず》み火《び》のように、ちょっと残っている火を吹き起こして「多少なりと、この平成維新のお役に立てば」という考えもあって、引き受けたのです。

そして一年。利を追求するのに急と思われる社長さん方が一様に、利とは縁遠い私の話を実に真剣に、熱心に聴いてくれたのです。私も、ついそれにつられて話してまいりました。その初回からおいでになっておられた致知出版社の藤尾秀昭社長が、一年間の講義録を一冊にまとめて出版してくださったのです。いま考えてみると、本にして売ろうなんて気はさらさらなく、まったく無心で話したものです。それだけに、本当のことを言っております。ですから第一講では、この『「人に長たる者」の人間学』を参考にしながら、お話を申し上げていきたいと思います。

「成人」の二つの意味

本講の議題は「いかにして人物となるか」です。私は決してそれに相応するほどの「人物」とは思っていませんが、これまでの経験から私の所見を申し上げていきたいと思います。

人と成ると書いて「成人」といいます。これは『論語』の中に出てくる言葉ですが、これには二つの意味があります。

一つは上から読む「成人《せいじん》」。これは、いわゆる大人（おとな）という意味です。特別な努力をしなくても誰でも二十歳に到達すれば成人になれます。

もう一つは下から読んで「人と成る」。「人と成る」ということは、人間らしい人間、すなわち立派な人間になるという意味です。そういう立派な人間のことを「大人（たいじん）」といいます。

「大人（たいじん）」すなわち立派な人物になるには特別な努力が必要です。人は飯を食っていれば、自ずと大人（だいにん）にはなれます。しかし全員が全員、立派な人物になるわけではありません。

人間は、神仏と動物の中間に位置する存在です。そのため、神仏と動物の両方の特質を持っています。そのため、神仏か動物、どちらの方向を向いていくかによって、同じ人間であっても、神や仏のように立派な人間になる人もいれば、時には動物以下の人間に堕《お》ちる場合もあります。

『論語』に、「性《せい》、相近《あいちか》きなり。習《ならい》、相遠《あいとお》きなり」とあります。もともと人間というものは、生まれたときには一人ひとりに大した違いはありません。誰もが「相近き」ものです。しかし、習うこと、学ぶことによって、人それぞれに非常に大きな差が出てくるものだ、という意味です。

では「人と成る」ためには、何を学べばよいのでしょうか。

「個人」に備わった「徳性」「知能」「技能」の三要素

「人」には二つの側面があります。一つは、個人としての人。もう一つは、言うまでもなく社会人としての人です。我々はこの両面、すなわち個人としても社会人としても、立派な人物になっていくことが大切です。

このうち個人という面では、人間は誰でも生まれながらにして、三つの要素を天から授けられています。

第一は「徳性」です。徳というのは人間の良い行いのもととなるもの、性とは生まれつき天から与えられた資質です。人間には本来、こうした優れた因子が、誰にでも生まれながらにして備わっております。

第二は、ものを知る能力。これを「知能」と言います。そして第三は、ものをつくりだす能力。これを「技能」と言います。

この三つの要素は、何も人間だけに与えられているわけではありません。生きているものすべてが持っているのですが、人間には、他とは比較にならない高い「徳性」「知能」「技能」が与えられているのです。

そしてこれは、外から持ってくるものではありません。本来、体内に既にあるものです。したがって、与えられているものを、素直に育てていけばいいんです。「教育」には「育」という字が使われています。これは育てるという意味です。本来持っているものを素直に育てていくことで、その人のその人たる所以《ゆえん》を発揮することができるのです。

「徳性」を本とし、「知能」「技能」を末とする

「徳性」「知能」「技能」の三要素は、いずれも個人にとっては欠かせないものです。しかし、物事には必ず本末、すなわち根本的な本筋と、そうでない部分があります。「徳性」「知能」「技能」を本末という点で分けると、「本」の部分、木でいえば根に相当するものが「徳性」です。そして、「末」にあたる、木でいえば幹、枝、葉など外部に表出してくるものが「知能」と「技能」です。幹や枝葉は根が成長しなければ成長しません。これと同じように、人間が個人として立派になっていくためには、「徳性」というものをまず根本的に育てていくことが肝心です。それに合わせて「知能」と「技能」を育てていくのです。

「学ぶ」という観点で言えば、徳性を育てる方が「本学」であり、知能・技能を育てる方が「末学」になります。

また「教え」という立場からいうと、徳性を育てていく方が「本教」であり、知能・技能は「末教」ということになります。

「宗教」の「宗」の字には「本筋」という意味があります。人を立派な人間に育てていく、つまり「人と成る」ための本筋の教えが「宗教」というものです。宗教は、

ものをつくりだすものではありません。人間そのものの最も基本的なものを育て、その人間を完成していくのが宗教なのです。

社会人に重要な四要素――「道徳」「習慣」「知識」「技術」

一方、社会人として重要になるものは「道徳」と「習慣」、それに「知識」と「技術」です。中でも「習慣」は「第二の天性」とも言われ、我々が社会生活を営む上で欠くことのできない大事なものです。それに対して「知識」と「技術」は生まれたのちに外部から吸収するものです。

そして、ここにも本末があります。本になるのが「道徳」「習慣」、末になるのが「知識」「技術」です。したがって、立派な社会人となるためには、まず「道徳」「習慣」を身につけることが必要です。

その上で、個人として立派になっていくもととなる「宗教」と、社会人として立派な人間になる基本である「道徳」が、車の両輪のように備わっていることが大切です。「宗教」だけでは不十分です。例えば、世間を騒がせたオウム真理教には、日本を代表するような学校を出た優秀な人材が何人もいました。ところが、「道徳」というものを十分に身に修めていなかったために、社会を乱すような行為に突き進んでしまうことになったのです。

彼らが「宗教」と「道徳」の両方をバランスよく備えていたら、それこそ「立派」な人間になることができたと思います。それだけ「道徳」というものは、立派な社会人となるための基本になるものなのです。

「成人の学」の本質は「人間学」にあり

このように、社会人として立派な人間になるためには、まず個人としての「徳性」にあたる「道徳」「習慣」などの本学を身につけ、これに末学である「知識」「技術」を加えることが重要です。この本学を修めていく学問を「人間学」と呼び、「知識」「技術」を身につける学問を「時務《じむ》学」と言います。

つまり、人と成る「成人の学」には「人間学」と「時務学」があり、本末という点からいうと「人間学」が本になり、「時務学」は末になります。

といっても「時務学」が、「事務学」ではなく「時の務め」と表現しているごとく、その時代の知識・技術というものは、まさに日進月歩です。速いテンポで進展しておりますから、社会人として立っていく上では、そこを除外して通るわけにはいきません。その意味で「時務学」は、非常に大切なものです。

私はおおむね九十歳から「パソコン」を始めました。アメリカ生活から帰ってきた二人の孫が「おじいさん、パソコンぐらいやりなされ」とあまりに言うものですから、最初は「この歳になって、わしは絶対やらん」と拒否していたものの「それじゃ、教えてくれるか」と言ってパソコンを買い、孫を先生にして始めたのです。そうしたら、若い連中、といっても六十歳以上ですが、「先生が九十歳過ぎて始めたのだから、我々も負けていられない」と、パソコンを始めた人が随分おります。

それにしてもパソコンというものは便利なものです。即座にいろんなことが分かる。僕は毎朝、起きるとインターネットを立ち上げて、いろんなものを見ていますが、松下幸之助さんの「一日一話」は必ず見ることにしています。そして最後は、ひ孫からのメールを見るのが楽しみですね。遠く離れていても日々の成長が手に取るように分かり、隣におるような感覚です。いちいち会わなくても、毎日、会っているようなものです。

そんな折、孫から「おじいちゃんな、パソコンを全部、信用したらあきませんよ」と言われて、なるほどと思いました。実際、誤った情報は氾濫《はんらん》しています。「これは正しいか、正しくないのか」を即断するだけの見識を備えることが大切です。

いずれにしろ、「人間学」と「時務学」の両方を学ぶことが大切ですが、根本となるのは「人間学」であります。そこで、ここからは、「人間学」に絞ってお話しします。

「人間学」を形成する「小学」「大学」「中学」

人間学には「小学」「大学」「中学」の三学があります。学校教育にも小学校、中学校、大学とありますが、ここでいう「小学」「大学」「中学」は人間学の内容につけられた名称です。そして「小学」には『小学』、「大学」には『大学』、「中学」には『中庸』というテキストがあります。

「小学」は常識を身につける学問

「小学」は小人《しょうじん》の学問です。小人とは一般的に「子供」とか「つまらない人」を指しますが、ここでいう小人は「普通・一般の人」という意味です。すなわち、人間誰もが、いつでもどこでも、わきまえておくべき基本的なことを学んでいく、それが「小学」です。

言い換えると、人間が人として、あるいは社会人として、常に身につけておくこと、すなわち「尋常《じんじょう》（常を尋ねる）」あるいは「常識」を学ぶ学問です。

私が子供の頃は小学校の頭に「尋常」がつき「尋常小学校」と呼ばれていました。つまり「小学校とは、人として身につけておくべき基本を学ぶ場だ」ということがはっきりしていたのです。それが、太平洋戦争のときに国民意識を高めるために「国民学校」と名称が変わり、戦後は単に「小学校」と呼ばれるようになりました。その結果、小学校の果たすべき役割がぼやけてしまったように思います。

私は松下電器産業（現パナソニック）の創業者である松下幸之助さんとも、家電メーカーのシャープを興した早川徳次《はやかわとくじ》さんとも親しくさせていただき、お二人ともよく存じておりましたが、実に立派な人柄・器量の持ち主です。ところが、お二人とも小学校を卒業されておりません。松下さんは尋常小学校を四年で卒業（明治五年に「学制」が発布されて、義務教育となった尋常小学校は四年で卒業でした）する寸前に家が傾き、大阪へ丁稚《でっち》奉公に行かされました。また、早川さんも家庭の都合で尋常小学校を三年で退学しています。

それにもかかわらず、誰もが認めるその優れた人柄はどこで築かれたかといえば、尋常小学校の僅《わず》か数年間に、その基礎がつくられたのです。

当時、尋常小学校を卒業して上の高等小学校や中学校にいく子供はほんの僅か。大半が家の手伝いや、あるいは丁稚奉公に出されていました。丁稚奉公に行ったら、これは厳然とした社会人です。子供だからといって、いいかげんなことをして許されるはずもありません。そうした社会人として、常に身につけておかなければならないことを教える場が尋常小学校だったのです。そこで教える先生は、子供たちの一生を左右するだけの重要な役割を担っておりました。

自分自身を修めることを学ぶ「修身科」

その尋常小学校で一番重要な学科は「修身科」でした。ここで、誰もが、いつでも、どこでも、わきまえておくべきものを教えていました。それは自己自身を修めること、すなわち「修己修身の学」が「修身科」だったのです。「修身科」の成績は尋常小学校の通知簿（表）では、一番最初の項目として掲げられていました。

かつての学業評価は「甲《こう》・乙《おつ》・丙《へい》・丁《てい》・戊《ぼ》」の五段階で表されていましたが、これが人材採用の一つの基準にもなっていたのです。甲だったら、「これは、なかなかしゃんとしとるな。安心できる」。乙は「まあまあやな」。丙になると「ちょっと、これは危ないぞ」。丁をつけられると「こいつは、ちょっと扱いにくい」ということから、それだけでオミット（除外）されるというぐらいに大事な学科であったのです。

「修身科」の廃止がもたらしたもの

こうした人間形成の基となる「修身科」の重要性を一番よく知っていたのが、アメリカでした。戦後、日本を占領した連合軍（ＧＨＱ）は、日本の教育改革を行ったとき、「修身科」を軍国主義教育の元凶として、真っ先に廃止しました。そして「国史」が廃止され、「地理」も廃止されて、小学校の科目から「修身」「国史」「地理」がなくなり、その代わりにできたものが「社会科」です。国民の目を自己自身ではなく社会に向ける、ということが行われました。

こうして、日本人が古来育んできた国民の社会常識という歴史の縦糸は途切れてしまったのです。この「修身科」の廃止は、日本人には致命的でした。

日本人皆が焼け野原から、「何はともあれ、飯が食えるようにならないかん」と立ち上がり、悪戦苦闘して昭和三十年頃には「もはや戦後にあらず」というぐらいに復興しました。しかしその反面、一人ひとりの行いは堕落《だらく》し、損得だけが優先される、思いやりのない、無責任な社会になってしまいました。それは日本の国内だけでなく、外国から見てもそのような国として見られるようになってきたのです。

日本には江戸時代から、全国各地にいまの小学校の数ほどの寺子屋がつくられ、子供教育の拠点となったのです。そこでは「読み、書き、そろばん」をとおしてこの修身的なものが授けられておりました。しかし、それが失われたため、「これではいかん。なんとか修身的な授業を復活しなければならない」ということで、すったもんだの末、昭和三十四年の初めに「修身科」が「道徳科」として復活しました。

しかし、この道徳の授業に最も批判的だったのが学校の先生の組合でした。そのため学科は復活したものの、「私は教えない」という先生が何人もおりました。このように、昭和二十二、三年ぐらいから昭和三十二、三年にかけての約十年間、日本から「修身・道徳」の授業は姿を消していったのです。

そして、その頃子供だった人々、すなわち「修身・道徳」の授業を受けていない人々がいま、政界でも、財界でも、教育界でもトップになっています。まるで日本人は、羅針盤なしに、大海に漕《こ》ぎ出しているようなものです。どっちを向いて走ったらいいかが分からない。事なかれ主義で、目先のことにしか考えが及んでいない

——これが現代です。

「古典」は道徳の恰好の手本

昭和四十四年に私は、松下幸之助さんから、「販売部門を担当する後継者を養成する目的で『松下電器商学院（現松下幸之助商学院）』というのをつくった。ついては、そこで教える先生を養成してくれないか」

と頼まれました。そこで、私がつくった「成人教学研修所」で五十時間、寝食をともにしながら、所内から集められた先生候補生に『大学』という書物を講じることになりました。

当初、私は「松下さんの金儲けの手助けはできません」と言って断り続けていました。しかし、松下さんも社会人としての根本である道徳の欠如を危惧《きぐ》しておられたのでしょう。断っても断っても要請してくるものですから、「それなら、金儲けをやめることなら、多少、材料がないわけではない。それでもいいか」と言いますと、「結構だ」と。それで、もう断るわけにもいかず、『大学』を昔の漢文のまま読み、解説することにしたのです。

集まってきた人々は皆、三十前後の若者たちでした。そこで私が「『論語』を読んだことのある人はいますか？」と手を挙げさせたら一人もいないのです。では「『大学』という書物を知っている人は？」と聞いたところ「名前も知らん」という者がほとんどです。

そんな状況で講義は始まったのですが、彼らはまったくの白紙の状態でしたから、非常に興味を持って聴いてくれました。調子に乗りすぎて六時間も話した記憶があります。とはいえ早晩《そうばん》、皆「ケツを割って逃げるだろう」と思っていたら豈図《あにはか》らんや、「我々は大学を卒業したけれども『大学』を知らなかった」「こんな身近に、非常に大切な考えが盛られている書物があるとは驚いた。ずっと続けてやってほしい」という要望が続出して、結局、約五十時間を費やして『大学』の講義を終えました。

その後は、『孝経』『論語』『孟子』『中庸』へと対象を広げ、最後に「神道」を学んで五十日間、寝食をともにした勉強を終えました。当時の私は、「成人教学研修所」を創設したばかりで時間だけは十分にあったのです。

先日、私は卒業式を間近に控えた「松下幸之助商学院」に招かれて行ってきましたが、毎日『大学』を音読していますから、全員が見事に暗唱し、身につけていることが分かりました。

このように、国民の社会常識を身につける「修身（自己を修める）」という学は、人間が生きる上で最も大切な「道徳」の一番の中心になるものであります。

「大学」に学ぶ「修己治人」

「小学」がいわば誰もが常識を身につける「小人の学」であるのに対し、「大学」は「大人（たいじん）の学」です。「たいじん」とは一般的にいう「おとな」ではありません。他者に良い影響を及ぼすような人物を「たいじん」と呼びます。ちなみに単なる「おとな」を指す場合は「だいにん」と読みます。「小学」が教える「小人の学」では、自己はきちんと修めうるものの、他人にまで影響を及ぼすものではありません。他人にも社会にも良い影響を与えるようになった人を「大人（たいじん）」というのです。

とはいっても、他人に及ぼす影響力には善と悪の二つの面があります。このうち悪の影響力というものは、善に比べると比較にならないくらい強い力を持っています。例えば千人のうちで九百九十九人までは正常人（善人）としても、たった一人が悪行をすることによって、大きな影響を社会に及ぼすことがしばしばあります。したがって、「悪党」という言葉はあっても「善党」という言葉はありません。大部分が善人だからです。人は「悪党」にならないためにも「大学」を学ぶ必要があるのです。

「大学」は別の言い方をすると「修己治人の学」です。自己自身を治めていくということは、これは誰でも生涯おろそかにしてはならないことですが、その上に他人や社会に良い影響を与えて人を治め、あるいはリードしていく人物になるための学問です。私が、「松下電器商学院」の先生候補生の最初のテキストに『大学』を選んだのも、こうした理由からです。

「中学」は「調和と創造」の学問

他方、「中学」は「中人《ちゅうじん》の学」です。この「中」という字には、いうまでもなく「なか」とか「うち」という意味がありますが、これは、表面的な意味です。

実はあと二つ、「結ぶ」という意味と「当たる」という意味があります。

「結ぶ」には、同質のものを結び合わせる「混合」と、異質なものを結び合わせ、そこから新しいものをつくり出す「化成」あるいは「化合」と呼ぶ二つの意味があります。

「中学」で使われている「中」は後者、すなわち「化成」あるいは「化合」の意味です。また、「当たる」という意味にも二つの意味があります。良い所に当たることを「的中」といい、良い時、すなわちタイミングが良いことを「時中」といいます。異質のものを結び合わせるためには、良い所（的中）と良い時（時中）を得ることが大切であることは言うまでもありません。そうすることによって、新しいものがそこから創造されるのです。

このように「中学」というのは、違ったもの同士を結び合わせて、そこから新しいものをつくり出す「調和と創造」の学問なのです。

『古事記』にみられる「中学」の思想

二〇一二年は、『古事記』ができて千三百年目の年になりました。その『古事記』の冒頭に、「天地の初めの時になりませる神の御名を天之御中主神《あめのみなかぬしのかみ》と申し上げる……」と、一番最初に現れた神の名に、新たなものを生み出す「中」という字が使われています。

そして、次に高御産巣日神《たかみむすひのかみ》、次に神産巣日神《かみむすひのかみ》が現れ、やがて、伊耶那岐神《いざなきのかみ》とその妻である伊耶那美神《いざなみのかみ》によって日本の大八島《おおやしま》が誕生するという構想です。

ここには、多くの異質なものを結び合わせ天地万物を創造していくという「調和と創造」の学問である「中学」の思想が具現化されていると思います。

資本主義の先にある東洋思想

「人間学」あるいは「人物学」と言ってもいいのですが、西洋には西洋の理に適したものがあり、東洋には東洋で発達したものがあります。我々は東洋人であり、日本人でありますので、一番身近に受け入れられるものは、やはり東洋に発達したものであると思います。

確かに西洋思想は、一面からすると現代世界を発展させる大きな力になりました。しかし昨今は必ずしもそうとは言い切れません。産業革命後、さまざまな経済変化が起こりました。自由主義・資本主義経済が発達し、それに対抗して共産主義が起こりました。これらは、どちらかというと「利」が一つの基本になっています。また、共産主義は日本にも流れ込んで、さまざまな混乱を引き起こしたりもしました。そのおかげで大いに発展した面のあることも事実です。

しかし、世界を制覇するかと思われていた共産主義は、資本主義より先に崩壊しました。世界で初めて社会主義国家となったソ連が、自ら解体してしまったのです。

その後、共産党一党独裁の中国も、市場原理を一部取り入れるなど資本主義的経済手法を取り入れ、今日に至っています。彼らにしてみれば修正社会主義であるのかも分かりません。一面からいうと、修正資本主義とも言えますが、彼らにすれば、変えなければ国がもたないというところでしょう。

私は、かつてソ連が崩壊したときに、大阪の経済界から請われて講演したことがあります。そこで、「共産主義のソ連が崩壊したということは、資本主義が崩壊する速度を速める」ということを言ったら、えらい反発を買いました。彼らに言わせると「資本主義が立派だから、今日の発展をしたんだ」というのですが、その資本主義も昨今は、さまざまな問題が生じ、限界が囁《ささや》かれています。

だとしたら、次に世界の秩序を保つ思想は何かというと、結局、古くから伝承されている東洋思想の中にそれがあるというので、『論語』などの中国古典思想が見直されつつあるのです。

見直される『論語』

本家の中国でも、文化大革命の際に封建思想の象徴として「世界で最も悪い人間は、孔子だ」と学校で教えられた孔子の思想が、いまでは一転して、学校で『論語』を教えるようになっています。世の中は大きく変わってきました。

また、孔子を祀った孔子廟《びょう》、あるいは孔子のお墓、孔子の子孫が住んでいる曲阜《きょくふ》の家などは、文化大革命時に大きく破壊されましたが、いまでは修復され、世界文化遺産に登録されて、世界各国から多くの人々が訪れています。

皆さんはいま、日本の小学校、中学校の教科書に『論語』が載っていることをご存じでしょうか。小学校五年生では『論語』とともに「孔子が、日本に大きな影響を与えた人だ」ということが書いてあります。また中学三年でも『論語』の内容を取り上げています。このような社会の風潮は、「修身科」が廃止された終戦直後と比べると隔世《かくせい》の感があります。

小・中学校の教科書に『論語』が載せられるということは、影響するところが非常に大きいと思います。また、そうせざるを得ないような世の中になりつつあるということです。いま、静かなる『論語』ブームが起こっております。私がかつて『仮名論語』を著した頃は、まだいろいろな反発がありました。しかしいまは、反発する者も少なくなっています。

『小学』『大学』『中庸』をテキストとする

東洋に生まれた我々は、東洋で発達した学問を学ぶことが一番手近です。

そこで、「小学」には『小学』というテキストがあります。これは、いまから約八百年ほど前に、宋学（朱子学）を大成させた朱子が、敬愛した同学の劉子澄《りゅうしちょう》とともに、中国古典の中から「小学」に該当する文章を抜き出してまとめた書物です。日本では、特に徳川時代に盛んに読まれ、日本人の在り方を形成する上で大きな影響を与えました。その影響力は現在でも決して失われてはいません。

また、「大学」には『大学』という書物が、「中学」には『中庸』が、テキストとして存在します。いずれも、古い中国で編まれたものであります。

ところで、これまで度々中国という国名を使ってきましたが、中国という国は歴史上、存在しません。私は終戦直後、ある雑誌に「支那《しな》」と書いたら、GHQから呼び出しを受けて「『中国』と呼べ」と言われました。そこで「あそこには秦をはじめ漢、隋《ずい》、唐、宋、元、明、清などの国はあったが、中国なんていう国は昔からない」と言って、論争になったことを覚えています。

いまから二千数百年前にできた最初の統一国家である「秦」をローマ字で書いて、それを日本読みにしたら「シナ」、英語読みにすれば「チャイナ」になるわけです。したがって「支那」という呼び方は何も軽蔑《けいべつ》した言葉ではないのですが、戦後のいわゆる言論統制下では通用しなかったわけです。

「小学」で「習慣」を身につける

「小学」は「修己修身の学」であり、そこで重要になるのが「道徳」と「習慣」だと言いました。中でも一番、形に表れる点において大切なのが「習慣」です。「習慣」は我々も日常生活上、一番直接的で大切なものです。

ところで「習」という字は、「羽」の下に「白」と書きますが、さまざまな説があるものの、ひな鳥が巣の中で親の飛ぶ様子を見て、羽ばたきを稽古《けいこ》する姿からつくられたと言われています。

羽ばたきを稽古するのは、並大抵ではありません。我々は、テレビなどで羽ばたきの様子を、ちょっと垣間見るぐらいですが、一度や二度で飛べるようになるわけではなく、恐らく無数の稽古を重ねていると思います。

一方、「慣」という字の貫の原字は「毌」という字で、これだけで「カン」と読みます。これは、玉を紐《ひも》で通すという意味で、「つらぬく」とも読みます。

この「毌」と似た字に「母」と「毋」という字があります。「母」はいわずと知れた「はは」という字です。「母」は乳を持てる女と書きます。したがって楷書《かいしょ》で書く場合には、必ず点にしなければなりません。この点を続けてしまうと「毋」（む＝無い）という別の字になってしまいます。この「毋」という字は、女が大事な前を隠している字です。西洋では裸体像が町の真ん中にも置いてありますが、東洋思想では、大事なものは後ろにしまっておく。奥ゆかしいということが、非常に重要なのです。

そして「毌」の字。大昔は貝を貨幣の代わりに使っていました。「毌」という字は、もともと貨幣に使われた貝を「ぜにさし」と呼ばれた縄に通した形を表していました。そこから貫くという意味が生まれてきたのです。

心を変えずに、一つのことを貫き行う。そうすると、それが身についてくる。このことを「慣れる」といいます。「慣」という字は、慣れるという意味ですね。そして、それが無意識に行うことができるようになったときに「慣れた」と言います。考えながら、抵抗を感じながらやっている間は、「慣れた」とは言いません。

習慣というものは、何遍も、何遍も、鳥が羽ばたきを稽古するように重ねて行って、それが無意識に行われるようになったときに「習慣化された」と言うのです。

この習慣のことを、日本では「躾《しつけ》」と呼びました。この字は「漢字」ではありません。「身」と「美」という二つの漢字を日本で合わせてつくった「国字」です。

国字には音読みがありません。そのため中国人が母国語に訳すのに非常に苦労するそうです。国字にはこの他に「峠」や「辻」などがあります。「辻田」という名字の人がいますが、中国にはこの字がありませんから訳するのに苦労するそうです。

良い習慣を身につけるには強制が必要

習慣化することを日本では「躾ける」と言います。

裁縫《さいほう》のときに、折り曲げた布がもとに戻らないように仮縫いしておく糸を「しつけ糸」と呼びますが、それと同じでもとに返らないようにする――これが躾です。要するに「躾」とは、押しつけ、強制です。

現代のように、押しつけは子供の人権を無視することだとして、ほったらかしにしておくと、躾（習慣化）はできません。

かつて日本を訪れた西洋人は「日本人は、決して裕福な生活をしているわけではないが、礼儀作法が非常に立派な国である」と口を揃えて褒めました。「日本は君子国である。日常生活においても、その良い習慣を持っている」と言われていたのですが、日本の戦後教育は「強制は、子供の人権を無視するものだ」として、先生方が、一歩も二歩も下がってしまいました。皆さんはご存じでしょうか？　戦後の一時期、小学校では体操の時間に号令がかけられない時代があったのです。「前へ進め」といったら命令になる。「右向け、右」といったら強制だとされたのです。いまどうなっているか分かりませんが、戦後の一時期、こうした誤った自由主義教育が横行していた時代があったのです。

「躾」には、やはり苦痛を伴います。人間は日常的に苦よりも楽を選びますから、なかなか自律的に行うことは難しい。途中で挫折することが極めて多いのです。そこで、外から教えてやることが大切になってきます。つまり強制です。その強制が一番効くのが素直な心を持った子供時代です。成長し素直さがなくなってきたら強制などできません。良い習慣というものは子供時代に強制しなければなかなか身につかないのです。

躾は清掃、挨拶、作法から

「小学」は、この良い習慣というものを非常に大切にしています。

『小学』の冒頭にはこの書を編んだ朱子が、本書の主旨を次のように記し、掃除・挨拶・作法の重要性を説いています。

古《いにしえ》の小学、人を教うるに、洒掃《さいそう》、応対《おうたい》、進退《しんたい》の節《せつ》、親《しん》を愛《あい》し、長《ちょう》を敬《けい》し、師《し》を隆《たっと》び、友《とも》に親《した》しむの道を以《もっ》てす。皆身を修め、家を斉《ととの》え、国を治め、天下を平らかにするの本と為す所以《ゆえん》なり。

すなわち、人を教えるのに、洒掃、応対、進退の大事なところ、そして親を愛し、目上の者を敬い、師を尊び、友に親しむ、そういう道を教えることが、自分の身を修め、家を斉え、国を治め、天下を平らかにするもととなる、と。

清掃は子供の清潔心を育てる

最初にある洒掃の「洒」という字は、拭《ふ》く、あるいは水を注ぐという意味です。「掃」は掃くということですから「洒掃」とは掃除の意味。掃除は清潔を体認させる最良の手段です。

日本の神道の精神は「清く明るく直き心」を磨くことにあります。神道にとって清い、すなわち清潔ということは非常に重要な要素です。実際、神社に行くと、ちり一つ落ちてない。常に清潔に保っているということは、そこに行くことによって、人は自ずから神の心に打たれることができるわけです。

子供というものは、生まれながらにして清潔を好むものです。子供を育てた経験を持っている人なら、よく分かることですが、おしっこをしたり、うんちをすると泣き出します。あれは、「清潔にしてくれ」と親に訴えているのです。それに応えて母親も、おしめを取り替えてやることで、清潔を好む心を育ててきました。

ところが最近は紙おむつなんてのができて、おしっこをしてもさほど気持ちが悪くなりません。悪くならないから赤ちゃんも知らん顔をしている。その結果、清潔に対して不感症になり、大きくなって収賄《しゅうわい》などをしても気にならないようになると、私は思っています。

こうしていわゆる清潔を好む習慣をつける。さらに窓をきれいに拭くことは、明るい子供を育てることに通じます。子供は、暗いところより明るいほうを好みます。暗いところで育てると、子供本来の特質をそのままに発達させることはできません。日中は明るいところで育てていくことが大切です。

こうして、だんだん「素直な心」が育っていきます。

後ろ姿で子供に教えるのが家庭教育の根本

二つ目の「応対」も幼少の頃から、しっかり躾けていくことが肝心です。「応」という字は、呼ばれたら返事をすること、「対」は、いろいろ聞かれたことや求められることに対してちゃんと答えることです。その一番手近な例が挨拶です。しっかりした挨拶を身につけることは良好な人間関係を育む第一歩です。

三つ目の「進退」というのは坐作《ざさ》進退といって作法のことです。

日本には日本の作法があります。最近は畳の間がだいぶ少なくなりましたが、畳の間の歩き方、坐り方、そして礼の仕方などを幼少の頃から教えておくことが大切です。

昨今は核家族化で、仏壇や神棚のある家庭も少なくなり、日本の伝統的風習が継承されなくなってきています。家庭における、こうした伝統的作法の先生は両親です。ところが、両親はまだ人間的に十分に完成されたとはいえません。完成に近いのは、老人です。しかし、核家族化によって老人のいる家庭は年々、減っていきます。それに対して親のほうはまだ未熟。その結果、形で教えるものが日本の家庭からだんだん去りつつあるんですね。

その意味で、三世帯家族というのは非常に重要です。やはり、歳をとってくると、自然に仏壇や神棚に頭を下げたり、手を合わせるようになるものです。寺社にもお参りするようになる。これが自然の流れです。

子供のほうはまだ若いから、おやじやおふくろがやっていることに対して「あれは年寄りだから」と見ているだけですが、いずれ亡くなると、なんだかんだといっておやじやおふくろを真似てやるようになるものです。

自分の後ろ姿で子供に教える――。これが、家庭教育では非常に重要なことです。家庭教育は、理屈でもって教えるところではありません。よい手本を示し、後ろ姿で教えていくのが家庭教育です。家庭教育に理屈が入るということは、あまり芳《かんば》しいことではありません。

礼の基本は相手の目を見ることにある

作法のなかでも特に「禮《れい》（礼）」は、非常に大切です。聖徳太子が設定したとされる「十七条の憲法」は「和を以て貴しと為す」という第一条で知られていますが、第四条に「禮を以て本と為す」とあるのを、見逃しておる人が割合多いのです。

「禮」は重要なものです。「禮」という字は、神様を示す「示」と、さまざまな供物を足のついた祭器に盛った形を表す「豊」という字を組み合わせ、神様にお供え物を捧げて、敬意を表していることを意味しています。これが現代略字の「礼」の本来の意味です。「礼」は、本来は神に対するところから起こったものですが、それが人間と人間との関係においてもまた尊ばれています。

　そのため礼には三つの「宜《よろ》しい」とされる行為があります。その一つが、最初に必ず相手の目をよく見ること。そして頭を下げ、上げたときにまた相手を見る。相手を見ずにする礼（挨拶）を「瞽禮《これい》」といいますが、「瞽」は目の不自由な人のことです。目が見えませんから、頭を下げるだけですが、目が見える場合は、必ず相手を見ることが原則です。

　中国人は乾杯が好きで、すぐに「カンペイ、カンペイ」となりますが、それは、言葉は通じなくても、乾杯をすることでお互いに通じ合えるからです。なぜかというと乾杯をするときには必ず相手を見ます。そして、飲んでまた相手を見る。「目は口ほどにものを言う」とありますが、人の真実の心とは大抵目に表れますから、相手をよく見ることが重要です。「カンパイ」も一つの「禮」です。相手をよく見るということを、よくわきまえておくほうがいいと思います。

　日本で本当の「禮」を教えてくれるのは茶道です。茶道などは子供のときから、ちょっと経験させておくことは、大切なことだと思います。

履物の脱ぎ方で家庭環境が分かる

それともう一つ非常に大切なことは、履物《はきもの》の脱ぎ方です。日本人は西洋人と違い、上履きと下履きをはっきり区別しています。したがって、家に上がる場合は必ず下履きを脱ぐことになります。履物の脱ぎ方一つにも、その人の心のありようが表れるものです。

この履物の脱ぎ方を非常にやかましくいうのが禅です。禅寺に参りますと玄関脇に「脚下照顧《きゃっかしょうこ》」あるいは「照顧脚下」と書かれた札が立ててあります。これは要するに「足元を振り返って見よ」ということですが、「坐禅をするより前に、履物がちゃんと脱げているかどうか、きちんと脱ぐことが修行の第一歩だぞ」と教えているのです。

これは日本の家庭でも同じです。履物の脱ぎ方を見れば、その家庭の気風を知ることができるといわれています。家の中まで入らなくても玄関を見れば、その家の家庭教育の内容が分かってしまうのです。

かつて私は子供たちを集めて、人としての常識を教える「尋常研修会」というのを開いていたことがあります。そこで一番、しつこく強調したのは、後で利用する人のことも考えて履物は脱いだらきちんと揃えるということでした。

するとと後日、ある親御さんから感謝の手紙をいただきました。そこにはこう書いてありました。

「うちの次男が研修会から帰ってきて、家の中が一変しました。次男が履物をちゃんと脱ぐようになったため、親も『これはいかん。子供に教えられた』と子供を真似るようになりました。すると親が真似ているから兄弟も皆、真似るようになり、履物一つで家の中の空気がすっかり変わりました。素行の悪かった次男が急に良くなりました」

このように『小学』では、習慣・躾というものを、非常に重要視し、そこから出発するのが大切だと説いています。

「人物」を追求する

「人物」と「人材」は違います。

才が徳よりも優れている人、これは「人材」です。これに対して「徳」を日常の生活の上でいろいろと身につけている、そういう人間的なところが出ている人が

「人物」です。「人物」と「人材」はいずれも大切ですが、我々が追求するのは「人物」です。この「人物」にいかに我々は近づいていけるのか、第二講以降、より具体的にお話ししていきたいと思います。

第二講

孔子、王陽明、中江藤樹の目指したもの

本題に入る前に、本講を学ぶ上で基礎となる第一講の内容を確認しておきます。
いわゆる「大人《たいじん》（立派な人物）」となるための学問には二つの側面があります。一つは「人間学」であり、もう一つは「時務学」。「人間学」は、自己自身に焦点を当て他に良い影響を及ぼす「修己治人の学」であり、「時務学」は世間に立ち、大いに活躍して世のため人のために役立つ知識、技術などさまざまなことを身につける学問です。

この「人間学」と「時務学」をバランス良く伸ばしていくことが、学問において一番大切なところですが、本末という点からすると、「人間学」が本で、「時務学」は大切なものではあるが末である。したがって、立派な人物になるためには、どうしても「人間学」を基礎として修める必要があります。

そのため本講座では「人間学」に絞って学んでいくこととする――ということを述べました。

再び脚光を浴びる孔子と『論語』

近年、孔子の故郷である中国の曲阜に、儒教が弾圧された文化大革命時（一九六六～七六年）には考えられなかった「論語碑苑《ひえん》」や「六藝城《りくげいじょう》」など、いろいろな施設ができてています。

「論語碑苑」は文字通り『論語』が書かれた碑を集めた広大な公園です。孔子の教えを軸とする『論語』には約五百章の言葉が書かれていますが、その一章一章を中国人はもとより、世界各国の『論語』に思いを寄せる人に依頼して書いてもらい、それを刻んだ石碑が遊歩道沿いに建てられています。

書き手には日本からも二人が選ばれ、一人は有名な書家でしたが、もう一人は私でした。「私は書家ではない」といったんは辞退したのですが、孔子の七十七代の直系の子孫である孔徳成《こうとくせい》先生から、「あなたは『論語』を自分の生命だというふうに考えておられる。文字の上手下手などは関係なく、一番適当な人だ」と口説かれ、恥をかくつもりで書きました。ちなみに私に振り当てられたのは顔淵篇の「齊《せい》の景《けい》公《こう》、政《まつりごと》を孔子に問う。孔子對《こた》えて曰《のたま》わく、君君《きみきみ》たり、臣臣《しんしん》たり、父父《ちちちち》たり、子子《ここ》たり」という文言でした。この碑苑は二〇〇九年に開苑し、私も除幕式に出席させていただきました。

この「論語碑苑」は、「人間学」の基本になる『論語』を顕彰する意味で重要な施設になっています。

一方、「六藝城」は、「人間学」と並ぶ「時務学」を表現した建物です。中国の古代において世に出るということは、役人になることでした。この役人が身につけるにあたり心得ておくべきものが「六藝」でした。六藝とは礼（生活規範）・楽（音楽）・射（弓術）・御（馬術）・書（文学）・数（数学）を指します。これらを修めることが世に立っていく上での必須条件でした。「六藝城」ではこうした六藝を象徴するさまざまな催しが行われています。

孔子と苦楽をともにした「孔子十哲」

さて『論語』の「先進篇」に、

徳行《とっこう》には顔淵・閔子騫《びんしけん》・冉伯牛《ぜんはくぎゅう》・仲弓《ちゅうきゅう》、言語《げんご》には宰我《さいが》・子貢、政事には冉有《ぜんゆう》・季路《きろ》、文學《ぶんがく》には子游《しゆう》・子夏。

とあります。徳行の優れたものには、顔淵・閔子騫・冉伯牛・仲弓が、言語が優れたものには、宰我と、子貢が、政治に優れたものは、冉有・季路。そして文学では、子游・子夏がいる、ということです。

この十人は、孔子の優れた門下生である「孔子十哲」と言われ、孔子が五十五歳のときに故郷を離れて各地を巡ったときに彼に従い、苦楽をともにした人たちだろうと思います。

多少余談になりますが、中国で制作された『孔子伝』というＤＶＤが販売されています。各巻一時間で全三十六巻あるのですが、私はこれを全部見ました。親しい名前の人が次から次へと出てくるものですから、時間の経つのも忘れて見入りました。

その中で、孔子最高の弟子と言われる顔淵（顔回）は日本人でした。その他韓国人など東亜《とうあ》の人々が混じって皆出ておりましたので、非常に親しみ深く見ることができました。

孔子の最高の弟子、顔淵

その顔淵が孔子に、徳性の中心となる仁について問いました。

顔淵、仁を問う。子曰《のたま》わく、己《おのれ》に克《か》ちて禮《れい》に復《かえ》るを仁と爲《な》す。一日《いちじつ》己に克ちて禮に復れば天下仁に歸《き》す。（顔淵篇）

孔子は、「克己復礼《こっきふくれい》」が仁を実践する上において、最も重要なものであると答えています。続いて顔淵が、己に克つとはどういう意味か尋ねると、孔子は「人間の私利私欲に打ち克つということだ。我を捨てるということである。したがって、我を捨てよ」と答えています。『論語』の中で己に克つということを言っている箇所はここだけです。

ところが孔子は、その結果については何も言っていません。ただ、我を捨てることが大事だと言っているだけです。しかし実は、我を捨てた瞬間に、天と人間は相通じることができる。天に通じようと思ったら我を捨てることなんだ、ということを言っているのです。自己中心の心を捨てて、素直な心であたれば天に通ずる、と。

しかし、孔子の弟子には、天と言ってもなかなか分かる人間がいませんでした。なぜかと言うと、孔子のもとに入門する者の大部分は「六藝」を重視しているからです。孔子のところで勉強して推薦を受け、いいところに就職することが目的の人が多い。ちょっと世間離れをした「天」なんて言っても受けいれられないんですね。

これは、いまの学校にも言えることです。一所懸命勉強はしているけれども、その目的は、良い成績を修めて大企業に就職し、将来、成功したいという目的の人が大部分です。そんな人に、「我を捨てよ」と言ってもピンとくるはずがありません。

そうした弟子の中で唯一、天についての話が通じたのが顔淵だと言われています。

顔淵は孔子の最高の弟子と言っても過言ではありません。徳に優れ、学問的にも飛び抜けて優れた学徳兼備の人でありました。顔淵は、社会的出世などは二の次にして、純真に道を求めている人ですから、「自己に打ち克て」と言えば自然に、分かろうと思わなくても天を知ることができる、と孔子は考えたと思います。だからこそ「我を捨てた」後の結果については言及しなかったのでしょう。

また「礼に復る」の礼というのは、ここではルールと伝統的・社会的規範のことを言っています。優れた人物が、こうすれば世の中が上手くいくだろうと言い残した言葉を後世の人々が実践して、世の中を渡っていく上で間違いがない、という共通の認識を持つに至った。つまり、礼とは単なる書物の上のものではなく実践を経た社会的規範なのです。

孔子を慟哭させた顔淵の死

その顔淵が、孔子が七十歳のときに師に先立って亡くなってしまいます。四十歳の若さでした。完熟の域に達しようとする孔子が、自分の後継者として、その考えを敷衍《ふえん》してくれるだろうと、最も信頼していた弟子を失ったのです。その悲しみは我が子が亡くなったときよりも、もっと深刻だったと思います。

弟子とお悔やみに行くと、愛弟子の死に接した孔子は「天予《てんわれ》を喪《ほろ》ぼせり、天予を喪ぼせり（天は私を無くならせてしもうた、無くならせてしもうた）」と慟哭《どうこく》したと伝えられています。

「慟哭」の「慟」は身体を震わせて泣くこと、「哭」は声を出して泣くことを言います。中国では、葬式の礼として声を出して泣くようになっています。すなわち哭することは許されていても、身体を震わせ、正体をなくしてまで慟して悔やむのは、親族は別として却《かえ》って他人は礼儀に反するとして、礼の上では許されていません。ところが、礼を説く孔子が、礼を破って慟哭したんですから、その嘆きの深さが分かります。後に孔子は「夫《か》の人の爲《ため》に慟《どう》するに非《あら》ずにして、誰《たれ》の爲にかせん（あの顔淵のために慟哭しないで、誰のために慟哭するんだ）」と言ってまた身を震わせて泣いたと言われているぐらい、顔淵に対する信頼は厚かったのです。そして、その顔淵に後世の望みを託していました。

というのも、孔子は顔淵が没する前に、夫人の幵官《けんかん》を亡くし、長男の伯魚《はくぎょ》を失っています。前述した『孔子伝』というＤＶＤの中でも、孔子が苦難の道を辿っているときにこの幵官夫人を度々登場させて、その献身ぶりを称揚《しょうよう》しているのです。これは私にとって思いがけないことでした。なぜなら、『論語』のなかには幵官夫人のことは出てきませんし、女性のことが登場するのは僅か三回です。

一回は、ある優れた弟子がいまして、この人は孔子のように急進的なところがない穏健な人でした。したがって、社会的にも突拍子もないことはやるはずもなく、夫婦になっても一生安心して暮らしていけるだろうと、兄の娘を嫁入りさせたとあります。

次に鳥の鳴き声をわきまえた者がおり、それが災いして留置所に放り込まれて、いろいろ誤解を招くのですが、孔子は「絶対に、そういうことはない」として世間の風評を信じずに、自分の娘を嫁入りさせるというエピソードが出てきます。

もう一つは、後世よく使われる「女子と小人は養いがたし」という言葉です。これは大分批判される言いぐさですが、誤解されている面があります。ここでいう女子と小人は、いずれも教養の無い女と男という意味で使われています。昔は、中国でも日本でも大きな家には下女、下男がいました。その下女、下男に教養のない女子、小人をあてると、甘いことを言うとすぐにつけあがるし、つっけんどんにすると恨みを買う。これはなかなか扱いにくい、ということを言っているのです。

このように『論語』の世界における女性は注目される存在ではありません。しかしＤＶＤでは孖官夫人をしばしば登場させて称揚しており、孔子を支えた姿に私は甚《はなは》だ感動すら覚えました。

顔淵に代わり孔子の後継者となった曾子

こうして最愛の弟子・顔淵を亡くし「もう自分の後を継ぐ者はないだろう」と悲嘆にくれていた孔子でしたが、七十二歳のときに曾子《そうし》という二十六歳の若い弟子を得ることになります。この曾子こそ、弟子の中でも最も素直に孔子の教えを受け継いだ人といわれ、後年、第一講で述べた「大人《たいじん》」になるためのテキストである『大学』を編んだ人物です。

もっとも曾子は頭の鋭さという点では、あまり優秀な人ではありませんでした。孔子から「参《しん》（曾子の名）は魯《ろ》なり」といわれ、ちょっとノロマだと言う評判がたったほどです。その反面、性格は極めて素直で純粋。孔子の教えを真っ正面から受け入れ、それを実践しようとする人でした。この実行力には孔子も一目置いていました。

「忠恕」こそ孔子の求める道と見抜いた曾子

この曾子が孔子の後継者で足りうる人物であることを示すエピソードが『論語』の中にあります。それは次の一節です。

子曰《のたま》わく、参《しん》や、吾《わ》が道は一以《いつもっ》て之《これ》を貫く。曾子曰《い》わく、唯《い》。子出《い》ず。門人、問うて曰わく、何の謂《いい》ぞや。曾子曰わく、夫子《ふうし》の道は、忠恕《ちゅうじょ》のみ。（里仁篇）

ここにでてくる「参」は前述したとおり曾子のことです。曾子が若い門弟たちと寄っているところに孔子が現れ、曾子を指して「自分の道は一つであってこれを貫いている」と言います。ちなみに終始一貫の「一貫」はここから出ています。

孔子の言葉に曾子は、歯切れのいい返事で「はい！」と答えました。「唯」というのは歯切れのいい返事のことをいいます。ここでは「唯」としか書いてありませんが、私は曾子が「はい！」と答えるとともに孔子の目を見たと思います。また、孔子も曾子の目を見た。目というものは、言葉よりもさらに真実を示すものです。その声と、その目を見て、孔子は「お、これは私が言おうとしていることが、本当に分かっているな」と理解したのではないでしょうか。「目は口ほどにものを言う」といいますが、口以上に目は真実を伝えてくれるものです。

こうして満足した孔子は、もう、それ以上何も言わずに帰って行かれました。

ところがそこにいた若い弟子たちは、あまりにも簡単に会話が終わってしまったものですから意味が分かりません。そこで曾子に「先生の言った言葉はどういう意味ですか？」と尋ねます。それに対して曾子は「先生が求めている道は忠恕のみである」と答えています。

もともと孔子は「仁」という言葉で自らの求める道を表していました。しかし「仁」といってもなかなか難しく、身近なものではありません。そこで曾子は「忠恕」という自分の言葉に置き換えて同じことを言ったのです。「忠」とは中する心、一体になる心、何事にも誠実に全力を尽くし、全身全霊で事に当たるということです。その心を人に向けたときに「恕（思いやり）」になります。仁も忠も恕も一つのものです。

師が言う言葉の意味を十分に理解していない若い弟子たちに、鸚鵡《おうむ》返しのように伝えていたのでは、師の言葉の本質的な意味を理解しているとは言えません。相手に意味が伝わる言葉に置き換えることができて、初めて理解していると言えるのではないでしょうか。その意味で、曾子は孔子の「仁」の意味を本質のところで理解していたために、自分の言葉で答えることができたのでしょう。

優れた弟子というものは、師匠が十分に伝えられなかった本質を、言葉を変えて分かりやすくして伝えていくものです。それが本当の継承者と言えるでしょう。しかも曾子は、それを言葉ではなく心と心を通わせてやってのけました。いわゆる「以心伝心」というものです。孔子は曾子の「はい！」という明確な返事と目を見て「歳は若いものの曾子は、わしの言わんとするところが飲み込めたな。これでわしは、いつ死んでも跡継ぎができた」と、心から喜んだと思います。

実際、ものづくりにしても商売にしても、自分が会得したコツを、言葉にして後継者に伝えるということは容易なことではありません。コツのようなものは言葉だけで伝えられるものではないからです。言葉を超えて初めて通じるものだと思います。

儒学を体系化した子思と確立した孟子

こうして曾子は孔子の死後、孔子の後継者として『大学』という名著を編纂《へんさん》しますが、その曾子の弟子になったのが孔子の孫にあたる子思《しし》です。子思の父親である孔子の長男は、孔子に先立ってしまいました。このとき、子思はまだ幼少でした。

それから間もなくして孔子も亡くなります。

おそらく孔子は曾子に、この愛孫を託したのでしょう。曾子もそれに応えて心魂を打ち込んで子思を教育したと思います。その結果、子思は祖父の言葉を体系化し、「中学」のテキストである『中庸』を著します。その子思の孫弟子にあたるのが性善説をとなえ、儒学思想の確立に貢献した孟子です。

こうして孔子の教えは脈々と受け継がれていくのですが、孟子以降は、いわゆる「己に克つ」「天に通じる」というものをもった人物は、あまり出てきません。

朱子と王陽明

なかなか優れた後継者が出現しませんでしたが、宋と明の時代に至って二人の儒家が現れます。一人はいまから約八百年前に南宋に現れた朱子学の祖・朱晦庵《しゅかいあん》（朱子）、もう一人が約五百五十年前の明で陽明学を大成した王陽明です。この王陽明の教えを日本で継承したのは中江藤樹です。その後、日本の陽明学は吉田松陰《しょういん》、西郷隆盛などに影響を与え、私の恩師である安岡先生もこの流れを汲んでいます。

本講座は、源流である孔子と、陽明学の王陽明、中江藤樹を取り上げ、その心情、情緒、心の有り様についてお互いに考えてみたいというのが大目標です。
その前に朱子学と陽明学、それぞれの特徴、違いを見てみましょう。

「礼」を重んじる朱子学

『論語』の「顔淵篇」に、次のようにあります。

仲弓《ちゅうきゅう》、仁を問う。子曰《のたま》わく、門を出でては大賓《たいひん》を見るが如《ごと》くし、民を使うには大祭《たいさい》に事《つか》えまつるが如くす。己の欲せざる所は人に施《ほどこ》すこと勿《なか》れ。邦《くに》に在《あ》りても怨《うらみ》無く、家に在りても怨無し。仲弓曰わく、雍《よう》、不敏《ふびん》なりと雖《いえど》も、請《こ》う、斯《こ》の語《ご》を事《こと》とせん。

前述したとおり、孔子の徳行に優れた四人の弟子の一人が、この仲弓です。その仲弓が顔淵と同じように仁を問い、それに対して孔子が答えたものです。

仲弓（名は冉雍《ぜんゆう》）が、仁の意義について尋ねた。孔子が答えられた。一歩家を出て社会の人と交わるときには大事なお客に会うかのようにし、人民を使うときには大事なお祭りを行うかのようにする。自分が嫌だと思うことは、人に無理強いをしない。そうすれば、国においても恨まれることはなく、家においても恨まれることはない。仲弓は言った。私は誠に至らぬものではございますが、いまお教えくださりましたお言葉を、一生をかけて実行していきたいと存じます、と。

これを見ると、仲弓には、顔淵に言った「克己復礼」のうち「己に克つ」ということを言っておりません。仲弓は非常に徳の優れた人ではあったけれども、顔淵のように天の道に即していく、いわゆる求道の域にまでは達していなかったということです。

だから世の中に立っていく上で、大切なことのみをここで説いているわけです。それが「己の欲せざる所は、人に施すこと勿れ」。仲弓には、いわゆる「礼に復る」ということに重点を置いて言っておられるのです。ここには「礼」という言葉は出てきませんが、いわゆる礼（社会的規範）の中で、人の上に立つ者は、こういうことに常に気をつけることが大切で、それが仁だと言っています。

そのため、この礼は『礼記』という書物にまとめられますが、その源となった多くの書物をしっかり勉強することが強調されます。それを引き継いだのが、仲弓の後輩にあたる子夏です。子夏も「孔子十哲」の一人ですが、礼を重んじるということは礼を学ぶことである、として学問に重点を置くようになります。

この流れを汲むのが朱子です。

孔子以来の大学者・朱子

朱子は、「孔子以来の大学者である」と伝えられているように、ものすごく頭の鋭い人でした。僅か十九歳で、難関と言われる中国の官吏登用試験である進士（科挙）の試験に、抜群の成績で合格しています。それに対して王陽明は、二回落ち、三回目にようやく合格しています。それも、あまりいい成績ではなかったようです。

頭脳の質という点では、朱子の方が遥《はる》かに上でしょうね。一度見たり、聞いたりしたら忘れない人だったようです。時々こういう人がいます。記憶力が抜群で、忘れようとしても、忘れることができない人です。

明治から昭和時代にかけて「歩く百科辞典」と言われた、和歌山県出身で、博物学者で民俗学者でもあった南方熊楠《みなかたくまぐす》もそうした天才の一人です。幼少の頃、近くの裕福な家に遊びに行ったところ、たくさんの書物がありました。そのなかの「博物図鑑」に興味を示した熊楠は、他の子供たちが外で遊んでいる最中、その「博物図鑑」を見続け、帰宅してから記憶を辿って別の紙に書いてみたところ、ほとんど原本と変わらなかった、というエピソードが残っているぐらいです。

その後、熊楠は「日本には、わしを教える先生がもうおらん」と言って、アメリカ、ヨーロッパへと渡り、抜群の記憶力を生かした得意の語学で、英国の大英博物館に入り浸り、当時、東洋人を蔑《さげす》んでいた英国人がビックリするような成果を上げています。そんな彼が晩年、取り組んだのが、忘れようと思ってもなかなか忘れられない記憶を忘れる方法の研究でした。そして、「ある程度、発見できた」と言っています。

おそらく朱子も、熊楠同様の人だったのではないでしょうか。

江戸幕府の正学になった朱子学

したがって、朱子学の本は、随分たくさん残されています。しかも礼を重んじ、非常に正確に記してありますから、多くの為政者に好まれ、江戸時代に入ると忠孝・礼儀を重視した文治政治を裏付ける学問として、幕府のいわゆる正学となります。その結果、朱子学を修めなければ学者も、なかなか職に就くことができませんでした。

こうして江戸時代の学問の主流となった朱子学は、明治維新以降も主流であり続けるのです。

孔子の教えを伝える二つの流れ

しかし、孔子の教えを伝える流れには、二流あります。一つは、いわゆる学問が主となる朱子学の流れ。もう一つは、いわゆる道を求める、求道を主とする陽明学の流れです。どちらが上ということではありませんが、私個人としては、天に通じる道を追求する陽明学に魅力を感じます。なぜならば、孔子は四十代までに徹底的に学を修め、それを超越して「五十になって天命を知る」、すなわち天と交流することができるようになった、と言っているからです。

そして、この天との交流を目指しているのが陽明学だからです。

朱子学に繋がる礼を重んじ、学問を重んじた子夏は、こう言っています。

子夏曰《い》わく、博《ひろ》く學《まな》びて篤《あつ》く志し、切に問いて近く思う。仁其《じんそ》の中《うち》に在り。（子張篇）

子夏がいった、良く学んで、見聞を広め、志を篤くして切実に疑問を問い、自分の実践上のこととして工夫するならば、仁の徳は自ずからそこに生じるものだ。

この「篤く志し、切に問うて近く思う。仁其の中に在り」の「近く思う」というところから、朱子学の代表的書物『近思録《きんしろく》』の題名はとられました。内容的にも先哲が言った言葉の中から、重要な言葉を抜粋してまとめたものですから、どれ一つとってみても人の歩むべき道を唱えている間違いのないものです。

しかし、朱子学というものは学ぶことを主体としていますから、そこに書かれている内容が、徐々に戒律的なものになってくるのです。言い換えるとその戒律に縛られ、どんどん融通が利かなくなるという弊害が生じてきます。我々が若いころに習った漢文の先生は、みなコチコチの堅物で、ちょっと礼を損なったりすると厳しく怒られました。

それに対して陽明学は、もっと融通の利く、広く深い心をもった、ゆとりのある学問です。

学問に走る朱子学、道を求める陽明学

曽子曰《い》わく、吾《われ》日に吾《わ》が身《み》を三省《さんせい》す。人の爲《ため》に謀《はか》りて忠《ちゅう》ならざるか、朋友《ほうゆう》と交《まじわ》りて信ならざるか、習わざるを傳《つた》うるか。（學而篇）

曽先生が言われた。私は毎日自分を度々省みて、良くないことは省いて、人の為を思って、物事をやったかどうか、友だちと交わって、嘘偽《うそいつわ》りはなかったか、まだ習得しないことを人に教えるようなことはなかったか、と反省している。

この、曽子という人は、平素書物をおろそかにした人でもありませんし、学もそれなりに進んだ人ですが、それでも「吾日に吾身を三省す」と言っています。

「三省」の「三」は度々という意味、「省」には二つの意味があります。一つは、省みる、反省するという意味。もう一つは、省みて、良いものは残し、悪い者は排除する、いわゆる省く、省略するという意味です。反省するだけでは十分ではありません。省みて、良い物は残し悪いものは省く。この「省く」ということが大切なんですね。

役所の名前に、外務省など省という字が付けられているのは、省くという意味です。しかし、官僚の官という字は、書類を重ねるということです。難しいことはなかなか取りかからずに後回しにする。その結果、一向に結論が出ない、実施が遅れるということになります。厄介なのは、物事が遅れることに対して、役人がそれを特権のように思っていることですね。

話が少し横にそれましたが、文の最後に「習わざるを傳うるか」とあります。習うということは第一講で説明しましたが、何遍も繰り返して行い、身についたことを言います。十分に自得して、自信のあることを人に伝えているか、うろ覚えで人に伝えるようなことがなかったか、反省しなければならないと言っています。

この「習わざるを傳うるか」をひっくり返すと「伝習」になります。

王陽明の代表的な書物『伝習録』は、ここからとられました。こうして朱子学における『近思録』、陽明学における『伝習録』が主要なテキストになるわけですが、その内容には、学問に走る朱子学と道を求める陽明学と大きな差異があります。

孔子は、この両面を持っていた人でしたが、それを継承するにあたっては、どうしても分化してしまうのですね。

朱子学は、学を究めるために多くの本を読み、研究を一つひとつ積み上げていってその頂点に真実がある、という学です。ところが、書物というものは無数にあるものですから万巻の書物を読んでも、読み尽くすということにはなかなか至りません。したがって、一生を懸けても真実に到達できるかどうかは分かりません。学問とはそういうものだと思います。

自分を捨てた道元、捨て切れなかった西田幾多郎

西田幾多郎という優れた哲学者がおりました。この人は、なかなか深い研究をされ、世界的にも有名な「西田哲学」を確立したことで知られていますが、晩年「哲学だけでは、安心立命には至らない」として、禅を相当おやりになられました。し

かし、結局、「わしはやっぱり、哲学者や」といって学問の世界に戻っていかれます。禅を究めるには、いったん学問を捨てる必要があるのですが、結局、万巻の書を読んで頭に蓄積した学問を捨てるわけにはいかなかったのです。

こうした西田先生を評して、戦後間もなく数学で文化勲章を受けられた岡潔《おかきよし》先生が私に言いました。「西田幾多郎は死にました、道元は生きています」と。私は面白いことを言うな、と思いました。

岡潔先生は、数学の泰斗《たいと》（大家）でありましたが、数学以外の日常生活には関心がまったくない方で、天気のいい日でも必ずこうもり傘をもって、ゴムの長靴を履いて外出されるというような人でした。反面、新しい数式がふと頭に浮かぶと、ところかまわず計算を始めて思考に入ってしまうというような、ちょっと変わった人でしたが、ものの本質を見抜く達人でもありました。

それから相当の時間が経ち、一般の人で西田幾多郎先生を云々《うんぬん》する人は少なくなっています。ところが道元は、後々まで大衆から非常に尊敬されていまに生きています。

やはり道元は一度自分を捨て、そして悟ったのです。私は、道元の流れを汲む曹洞宗のお寺を提供されて、十数年間、坊主にならずにお寺にいたことがありますから分かります。

頭が良くて万巻の書を読んだ道元でしたが、ある時学問だけでは悟れないということに気がつきます。そこで、まずは「身心脱落」といって身も心も抜けきってしまう、いわゆる「我を捨てる」ことが仏道に適うものであると考え、修行に励みます。そして本人は、これで悟ったつもりでいました。ところが、お師匠さんはこれを許しません。

次に「脱落身心」といって、我を抜けきったところから、新たなる身心が創造され、芽生えてきたものこそが本当の禅だ、と悟るのです。「身心脱落」だけでは道は半ば、そこから何かが芽生えないと悟るとは言わないのですね。

「古教照心」と「心照古教」の違い

これと同じことが朱子学と陽明学にも言えます。「古教照心」という言葉があります。古い書物（教え）によって自分の心が照らされる、という意味ですが、普通の読書はここまでです。古典を読み、古典に教わる朱子学は、いわばこの「古教照心」型です。

それに対して陽明学の方は「心照古教」。自分の心が古い教えを照らす、と言います。幾多《いくた》の学問を積み上げて自分が悟った境地、ここから古い書物を読んでみると、自分の思うところがそこに書いてある。古人と自分が一体になれる、と教えます。

実際、王陽明という人は、偉大な学者でしたが、南支那に流されて非常に苦労します。その中にあって「我は何者だ」という反問を繰り返すのです。そして辿り着いた境地が「これまで答えを他所に求めたのは間違いであった。すべては我にあり、自分の足下を掘り下げていったら、そこに真実があった」ということを悟ります。

それから『五経臆説』という書物を著します。「五経」というのは「四書五経」の五経（『詩経』『書経』『易経』『春秋』『礼記』）で、中国古典を代表するものです。王陽明は、こうした古典を思い起こしてみると、全部、自分がこうだと思うことが書いてある。だから昔の人と自分は一つだ。したがって、我が心が古い教えを逆に照らす「心照古教」の域まで達しないと本当に書を読むことにはならない。「古教照心」で終わってはならず、「心照古教」に至って、本当の悟りの世界に入ることができる、と言っています。

本を読んで、学問をして知識を得ることを「学知」と言いますが、悟りの世界は「覚知」です。理屈ではなく覚るのです。悟りの世界は理論を超えたところにあります。日本における陽明学の祖・中江藤樹先生も、僅か四十一歳で亡くなられていますが、早くから悟りの境地に到達していました。


このように、朱子という先生が学究《がっきゅう》の徒であるのに対し、王陽明や中江藤樹先生は求道の人です。同じ孔子の流れを汲みながら、朱子学と陽明学では大きく異なっているのです。

悟る、ということに関しては、文字通り、理屈では語れないところが多々ありますが、陽明学と朱子学のおおよその輪郭《りんかく》は把握できたのではないかと思います。

そこで第三講からは、孔子、王陽明、中江藤樹先生とそれぞれが説く人間学を学んでいきましょう。

第三講

孔子が説いた人間学

本講の表題は「孔子が説いた人間学」です。孔子の言葉を集めた『論語』には、人間学が詰まっていると思います。

私と『論語』との出合いは、尋常小学校の見習い生として一年生と一緒に学んだときでした。この年、母が急に亡くなったのです。母親っ子であった私は、寂しさの余り毎日泣き続け、ついに学校へも行かず家に引きこもるようになりました。そんな折、田舎学者をしていた叔父から教えられたのが『論語』の素読です。まだ、片仮名も十分に覚えきれない歳で、意味はさっぱり分かりませんでしたが、教えられたとおり漢文を読んでいくと、なかなか読む調子がよいのです。

こうして何回も繰り返し読んでいると、そのうち暗唱《あんしょう》できるようになり、併せて小学校で習う平仮名や片仮名よりも難しい漢字を覚える喜びを感じるようになりました。実際、『論語』の文は韻《いん》を踏んで調子のよいものであります。その調子に魅せられて素読を進めていくうちに母親に対する思慕もだんだん薄れ、翌年改めて正規の一年生として小学校に入り直しました。

以来、約九十年にわたり『論語』は常に私の手許にあり、手放したことはありません。軍隊にも行き、何回か大病にも見舞われましたが、その間まるで三度の食事をするように『論語』を学んできました。その意味で、私が今日あるのは、毎日三度の食事と『論語』のおかげと言っても過言ではありません。

また『論語』は、私に多くの師と友人をもたらしてくれました。学生時代から天下の大先生だった安岡正篤先生に、非常に親しく教えを受けることができたのも『論語』のおかげです。

本講では、この『論語』をもとに、孔子が説いた「人間学」を紐解《ひもと》いてみたいと思います。

現代まで続く孔子の子孫

孔子という人は生涯、神ではなく人間を貫き通した人でした。

「世界の聖人」と言えば「釈迦《しゃか》」「キリスト」「ソクラテス」、それに「孔子」を加えて「四大聖人」と称されています。

しかし、この四人の中で普通の亡くなり方をしているのは孔子だけです。中国というところは、歴史的には非常に正確な記録が残っていますから生年没年も分かっています。孔子は西紀前五五一年に生まれ、同四七九年に亡くなられましたが、家にあって弟子たちに囲まれながら亡くなっています。それに対してお釈迦様は、八十歳と長命であったものの旅先で病を得て亡くなられ、キリストは十字架に架けられ、ソクラテスは獄屋で毒杯を仰いで亡くなりました。

また、「四大聖人」の中で子孫が現存しているのは、孔子だけです。お釈迦様は、子供が一人ありました。ところが、修行のために、生家の王家に妻子を残して旅立ち、難行苦行をされて一つの悟りを開いた後は王家に戻らず、各地を巡って仏教を唱えた人であります。キリストは、結婚もしていなかったようですから、子供はおりません。ソクラテスも、その子孫が現代に残っているということは聞きません。

それに対して孔子の直系子孫は、現在七十九代にもなり、いまもなお、先祖の教えを奉じる先祖祭りを継承しています。また世界中に二百万人とも三百万人とも言われる傍系子孫がおり、「孔」という姓を非常な名誉として受け継いでおられます。

孔子を学べば「人間学」の真髄に触れることができると申してもよいと思います。

儒教排斥の洗礼を受けても生き続けた孔子の教え

孔子の教えは、孔子が亡くなられてから二千五百年の間に、時の政権から随分迫害を受けたこともありました。いまから二千二百余年前には、秦の始皇帝によって「焚書坑儒《ふんしょこうじゅ》（古い書物が焼かれ儒者約四百六十人が穴埋めにされた）」が行われ、「根こそぎ、孔子の教えは撲滅《ぼくめつ》されるんじゃないか」と思われたけれども、漢代に復活しています。

さらに現在の共産党政権になっても「文化大革命」によって、秦の始皇帝にも劣らない迫害を受けたものの、「文化大革命」の終焉《しゅうえん》とともに静まり、現代の子孫が各地で教えを継承して活躍しています。

本家は台湾にありますが、分家が大陸にはたくさんおられます。私は直系の七十七代・孔徳成先生のお姉さんの孔徳懋《こうとくぼう》さんをはじめ、分家のおも立った方々とも親しくしていただき、ありがたいことだと思っています。

衰えぬ家勢を保つ「家憲」の教え

日本の皇室は別として、先祖の高い業績を子孫が継承して何代も続けることは容易ではありません。民間では二代、三代程度が普通で、十代も続くと相当古い家に入ります。

私が教えを受けた師の一人に山田無文《むもん》という禅僧がおられました。同師が静岡の古刹《こさつ》で住職をしていたときのこと、過去帳を調べてみたら「三代続いた金持ちは非常に少ない。反対に七代続いた貧乏人も、まずいない」と話しておられたことがあります。昔は、田舎に行くと地主層で、もう何代も続いた旧家がありましたが、昨今はなかなか続きにくくなっていて、振るわない家も少なくありません。

昔から庶民は「四百四病のうちで、貧ほど辛いものはない」と言って、貧乏を苦しいものの代表格に挙げてきました。貧乏を楽しめる人は、よほど優れた人で、大抵の人は貧乏は嫌だと答えます。

そこから逃れるためには、どうしたらよいのか。答えは簡単で、働くことです。「稼ぐに追いつく貧乏なし」と言って、「これは、かなわん。かなわん」と、がむしゃらに働いていくうちに、だんだんと裕福になってきます。ところが、そうなると、ええ気になって「のほほん」と暮らしてしまう。その結果、三代も続かないうちに没落するはめに陥ることが多いけれど、七代も辛抱強く貧乏をするというのは、よっぽど偉い人か稼ぐことの下手な人間かどちらかだな、と無文老師は驚いておられました。

いまはだんだん少なくなってきていますが、古い家には「家憲」というものがありました。「こういう生き方をしろ。これと、これは必ず守れ」ということが、先祖から子孫に継承されています。そして、子孫が「家憲」を素直に守った家は長く続き、守らなかった家は途絶えています。

日本を代表し、しかも長く続いている資産家といえば住友家と三井家です。私は以前、京都にある住友家の墓に詣でたことがありました。すると、墓がいずれも小さい。普通の家の墓よりも小さい墓石が、ずらっと並んでいました。住友家には「大きな墓をつくるな」という「家憲」があったのです。これを、歴代の当主が忠実に守っていたのですね。

一方で、高野山に登ったことのある人はお分かりになるでしょうが、大きな墓が林立しています。しかし、そのお墓の多くは花もあがっていなければ、お参りに訪れた形跡さえ感じられません。そのほとんどがかつての大名や、つぶれた資産家のお墓です。子孫が先祖に及ばないものですから、いつの間にやら先祖のお墓参りもおろそかにするようになってきたのでしょう。

したがって何百年も続いている資産家は、創始者も立派で優れていたことは言うまでもありませんが、それを守り、受け継いできた子孫が、優れていたのだと思います。ましてや、二千五百年もの時を経て現代に続いている孔子の家系は立派ですし、「家憲」に代表される「変わらない生活」というものを継承してきたのです。

孔子の「人間学」を実証する現代の子孫たち

孔子直系の第七十九代のご子孫である孔垂長《こうすいちょう》さん御一家が日本にお見えになったとき、私の孫が案内役を務めたことがあります。そこで、孫が何かお土産を差し上げたいとお伝えしたところ、奥様から「私の家は、子供に小遣いもあまり与えませんし、貴重なものは与えないことにしております。どうかお土産などはお控えください」と言われたと言っていました。

また、現当主のお祖父さんにあたる孔徳成先生は、台湾大学の教授を最晩年まで務められた優れた学者でしたが、一九八〇年代に蔣介石《しょうかいせき》夫人の宋美齢《そうびれい》さんの「孔徳成先生を台湾政府の重要な位置につけられるように」というたっての願いで、時の中華民国（台湾）総統であった蔣経国《しょうけいこく》さん（蔣介石の先妻の子）の要請により、やむを得ず「考試院」院長に就きます。

「考試院」というのは日本の人事院にあたり、公務員の採用などはこの「考試院」が行います。日本は「立法」「司法」「行政」の三権分立ですが、台湾は「五権分立」で、「立法」「司法」「行政」に加え、「考試（院）」と「監察（院）」（公務員の弾《だん》劾《がい》機関）が、それぞれ独立した機関として存在します。その一つの長となられたわけです。

ところが先生は、各院長のために用意された立派な官舎には入らず、普通のマンション生活を始めました。これには政府も困り、何度か官舎への入居を要請するのですが、先生は「いや、私は旅先だから、ここでよろしい」と断り続けます。そこで政府も仕方なくマンションの前に警察の派出所を新たに設け、二十四時間の警護にあたりました。

私は台北でタクシーに乗ったときに、「孔徳成先生の評判はどうか」と運転手に聞いたところ、「偉い先生です。立派な役に就きながら誠に質素で、国民が等しく尊敬しています」と申しておりました。このように先生は、政府の重要な地位に就かれても非常に質素な生活を心掛けていたのです。

このように、孔子そのものも優れていたけれども、子孫もまた立派であったことが、世界で最も古く、奇跡とも言われる家系を存続させてきた所以で、このこと自体が、私は孔子の「人間学」というものを実証していると思います。

「生き神様」を拒否した孔子の生き方

私は『論語』そのものが、孔子の「人間学」を説いたものだと思います。孔子という人は生前、いわゆる「生き仏」や「生き神様」にならなかった人です。弟子や周囲の者からは、「超越して、立派な人だ」というふうに見られておりましたが、孔子自身は「いや、そうではない。お前さんらと同じように生活もしておる。なんら変わるところはない」と言って、その都度、否定しているのです。

弟子たちとも、時には酒を飲んで、歌うこともありました。肉も好きであったそうですし、地域でいろいろな集まりがあるときには、呼ばれて行ったりもしております。葬式があると、お悔やみにも行っている。まったく一般民衆と変わらない生活を貫きました。
普通、お寺さんにしても「おまえさんらとわしらは、ちょっと違う」と言って、権威付けのために服装からして違うものをまといます。また最近はだんだん緩められてきましたが、戒律上お酒も嗜《たしな》みません。ところが孔子は、周囲から偉い先生と尊敬されていながら、偉ぶるところがまったくなかったのです。

ところで、お酒といえばカトリックも同じです。私の知り合いに熱心なクリスチャンの女性を娶《めと》った男がおりました。その結婚式に呼ばれたときのこと。結婚式後の宴席は酒席ではなく茶話会でした（もっとも、酒好きの私には気の毒だと気を遣ってくださったのでしょう、別に酒席の場を設けてくれたのですが……）。妻となった女性も当然、酒は飲みません。ところがご主人の方は、飲む。そのため、ご主人が酒の臭いをして帰ってくると、奥さんの機嫌はよくありません。「だから、酒がさめるまで家の外にいて、さめてから帰る」とご主人の方は言っておりました。「これは、長続きせんぞ」と思っていたら、案の定、早々と離婚したそうです（笑）。

です。

「極限状態」で現れる人間の本性

こうしたことは、孔子には一切ありませんでした。ごく普通の生活をしていたのです。

しかし孔子の偉大なところは、やっぱり「ここだ」というところで真価を発揮したのです。「ここだ」というのは、例えば生死の境に立ち至るなど、絶体絶命の「極限状態」のときです。こうしたときこそ人間の本性が現れます。そうしたギリギリの状態のときに、どういう行動を取るかというところに、一般の人と偉人との大きな差が生ずるのです。

最近は、政治家の中にもよく「身命を賭して」と言う人がいますが、いつの間にか消えてしまっている者が実に多い。しかし、孔子は、平生《へいぜい》は普通の人と一緒の生活をしていても「ここだ」というときの行動が違っていました。悠々として、そのピンチを乗り越えているのです。

孔子を支えた「五十にして天命を知る」

なぜかというと、孔子は「五十にして天命を知る」境地に達していたからです。

「天命」の「命」という字は「働き」という意味です。天の働きは、絶対なるものである、ということを知ったからです。しかし、知るための道は容易なものではありませんでした。

孔子は四十代まで、他人が真似のできないぐらいの学問をしました。誰からでも学び、貪欲に「知」を吸収していきました。その結果、四十代も半ばになる頃には、名実ともに「優れた人だ」という評判が立ち、門下生も増えて、世の中に大きな影響を及ぼすようになります。

しかし、自ら振り返ってみると、至らない行いも多々あったのです。

孔子が最期に後継を託した曾子は、「吾日に吾身を三省す。人の爲に謀りて忠ならざるか、朋友と交りて信ならざるか」と、絶えず自分を振り返り反省する言葉を残していますが、これは孔子が常に自分を振り返り、反省をしていた姿を見ていたからです。

振り返るということは、心の鏡、言い換えると「良心」と言ってもよいと思いますが、その心の鏡に自分を写すことですから、鏡が澄めば澄むほど細かいところまで分かり、自分の誤りを発見することができます。
人間の目は、外部を写す鏡です。私も白内障の手術を受けたことがありますが、完治後に鏡に写った自分の顔を見たときはショックでしたね。それまで薄いベールの先に見えていた顔がはっきり見えると、皺も染みも想像していた以上に多い。ある種の自己嫌悪に陥りました。「これなら、あんまり見えんほうがよかったな」と思ったものです。

このように、鏡が澄めば澄むほど、いいところも分かってきますが、逆に、よくないことも明確になってきます。他人には「あの人は、立派な人や」と映っていても、自分自身を振り返ってみたら「ああ、至らなかったなあ」と思えることが次々と明らかになってくる。孔子が「五十にして天命を知る」といったことは、この心の鏡が非常に澄んできたということを表しているのではないでしょうか。

私利私欲に打ち克つ

『論語』の中に、これは第二講でも少し触れましたが、孔子が最高の弟子として期待していた顔淵が「立派な人物、仁の人となるためには、どうすればいいか」と問いかけるところがあります。その問に対して孔子は、「己に克ちて礼に復るを仁と爲す」と答えています。

『論語』の中で、「己に克つ」ということを弟子に言っているのは、ここだけです。「己に克つ」ということは、己の欲望・私利私欲に打ち克って、素直な心に立ち返るということです。

しかし顔淵という、孔子の教えを最も理解している弟子に対しては、それ以上のことを言っておりません。この言葉には「本当に自分を捨て切ったならば、自ずから天の心が分かってくる」ということが言外に秘められているのです。「天の心を知れ」と言わずとも理解していた顔淵に対してだからこその答えでした。

「天命」を知ってからが本当の孔子

こうして「五十にして天命を知った」孔子の行動は、表面上は変わらないものの、それ以前とは非常に違うものになっていきます。それは行動の跡を見れば、窺《うかが》うことができます。

例えば『論語』の「子罕篇」に、次の言葉があります。

子、匡に畏《い》す。曰《のたま》わく、文王既《ぶんのうすで》に没《ぼっ》したれども、文茲《ぶんこ》に在らずや。天の将《まさ》に斯《こ》の文を喪《ほろ》ぼさんとするや、後死《こうし》の者、斯の文に與《あずか》るを得ざるなり。天の未だ斯の文を喪ぼさざるや、匡《きょう》人其《そ》れ予《われ》を如何《いか》にせん。

孔子が衛から陳へ行かれる途中の匡の町で、恐ろしい、生死の境を彷徨《さまよ》うような目に遭われたときに、孔子が言われた。「聖人と仰がれる周の創始者・文王は、既に死んで、この世にはおられないが、この道は、現に私自身に伝わっているではないか。天がこの文（道）を滅ぼさんとすると、私は、この文に与《あずか》ることができないはずだ。天がまだ、この文を滅ぼさない限り、匡の人たちは、絶対に私をどうすることもできないだろう」。

「畏す」とは、恐ろしい目に遭うということですが、その原因は、かつてこの地で乱暴を働いた魯の陽虎《ようこ》という武将に孔子が間違えられたからだと言われています。そのため、孔子は、まさに牢屋に連れていかれて、いつ断罪を受けるかも分からないような状況に直面します。そのときに彼は、自分が尊敬する文王は既に亡くなったけれども、その文王の道というものは「茲《ここ》に在らずや」すなわち私のところにあるのではないか、と。そして「天の将に斯の文を喪ぼさんとするや、後死の者、斯の文に與るを得ざるなり。天の未だ斯の文を喪ぼさざるや、匡人其れ予を如何にせん」と。「後死の者」とは自分のことを言っており、後で死ぬ者という意味ですが、これは実に力強い言葉であります。この言葉は、やはり、天と自らの関係を言っています。

天の心を知ることから生まれる自信

『論語』の「述而篇」に、

子曰《のたま》わく、天、徳《とく》を予《われ》に生《な》せり。桓魋《かんたい》其《そ》れ予を如何にせん。

とあります。意味は、「孔子が言われた。天は私に徳を授けられている。桓魋ごときが、私をどうすることもできないだろう」です。

桓魋は宋の軍務大臣で、孔子を殺そうとした。そこで弟子たちが「早く逃げてください」と言ったのに対して、孔子がこの言葉を出されたと『史記』は伝えています。孔子が天命に対して強い使命感を持っていたことが分かります。

この孔子は五十六歳頃から、自分の考えを実行に移し、理想の世界を出現すべく、各地を周遊します。これは、自分を用いてくれる人を探す一種の就職活動ですが、そこに随分たくさんの弟子たちが後について行きました。これも普通の常識では、なかなか考えられないことです。昔の学ぶ人の心には、母国を去って流浪の旅に出ている孔子に対しても、教えを受けようと後について行くという、真剣なところがあったのでしょうね。

このことは、第四講でお話しする王陽明にも、同じような逸話があります。彼は本来、軍人ではありませんでしたが、軍を指揮して反乱軍の討伐《とうばつ》に出向いたことがありました。そこへ、やっぱり弟子がついて行っているのです。そして、戦争の合間のちょっとした暇を見つけて教えを受けた。弟子たちが翌朝教えを受けようと行ってみたら、既に王陽明は他に移動していたことも、度々あったようです。

こういうところから見ると、優れた先生に対する弟子の態度というものは、先生の都合も考えずに、まっしぐらに道を求めていく、そういう真剣な者が昔はいたわけですね。いまでは、なかなか考えられないようなことですけれども。

そうした旅の途中、孔子が弟子たちを集めて勉強しているところを桓魋に襲われたわけですが、弟子たちが「早く逃げましょう」と促すにもかかわらず、孔子は「わしは、天から徳というものが与えられている。だから、桓魋ごときに、わしをどうすることもできない」と言って、悠々とその場を去る。この自信は、どこから出てきたものでしょうか？　私はやはり「天、徳を予に生せり」と言っているとおり、「天命」からきているものだと思います。

悟ることによってしか見えない「天命」

前記の『論語』の項の後ろには、次のような言葉が出てきます。

子曰《のたま》わく、二三子《にさんし》、我《われ》を以て隠《かく》せりと為《な》すか。吾《われ》は隠す無《な》きのみ。吾行うとして二三子と與《とも》にせざる者無し。是《こ》れ丘《きゅう》なり。（述而篇）

孔子が言われた。「諸君は、私が諸君に何か隠しておると思うのか。私は何も隠すことはないのだ。私は、何事を行うにも、諸君とともにしないことはない。これが、ありのままの私なのだ」と。

「二三子」というのは弟子のことです。したがって「諸君は」と訳したのですが、「あの先生、何か、我々には隠したものがあるのではないか。そうでなければ、あいう行動には出られない」と思っているだろうが、私は何も隠していない、と孔子は完全に否定しています。

実は、天というものは、一般の人に話しても、なかなか理解されません。また、表現の仕方も、簡単に見つかるものではありません。そのため孔子は、ついに「天というものが、どういうものであるか」ということを、語らないまま亡くなりました。否、語れなかったというか、語っても相手が分からんから、そのままにしていた、と言った方がいいかもしれません。

天の話というのは、分かる人と、分からない人、いわゆる悟った人と悟らない人では、比較にならないほどの差が出ます。分からない人（悟らない人）には、いくら説明しても、分かりません。

「暁」という字があります。この字は「さとる」とも読みます。なぜ「暁」を「さとる」と読むのでしょうか。それは、夜中に外に出ても真っ暗で何も見えません。見えないということは、無いのと同じです。それが、明け方になり日が差してくると、その何も無かったものが見えてきます。見えてくれば、どんな人にでも「あそこに、こういうものがある」という、その存在を知ることができます。このように、悟った人というのは、見えないものが見えてくる、聞こえないものが聞こえてくる人のことを言います。だから、人によって違ってくるわけであります。

無私の世界でしか生まれない霊感

最近は、テレビの発達によって、目の前に存在しない見えないものでも、簡単に見ることができるようになりました。しかし、世の中には、こうした道具を使わなくても、直接見たり聞いたりすることのできる人がいます。いわゆる霊感が非常に鋭い人は、見えないものでも見えてしまう。そういう人の存在を一概に否定してはならないと私は思っています。

そして、霊感に優れているのは、男性よりも女性に多いことも事実です。男は色気が多すぎるからなかなか見えません。その点、女性は本来、非常に純粋です。だから、神様に仕える巫女《みこ》が女性であることも、そこに由来しています。

『老子』という本には、天の存在を聞いて「ああ、そうか、そういうことがあるんだ」といって、素直に天の存在を信じ、実践する人が一番上等の人だ、と出てきます。

これは、人を三方に分け、例えば天の存在を否定も肯定もしきれない人を「中士」として、頭から否定する人を「下士」としています。「一番下等の人が、笑うようなものこそ本物である」というたとえ話に出てくる話ですが、本当に上等な人物（上士）というのは、人々が笑いころげて否定するような天の存在を「そうだ」

と素直に是認して、それを信頼して行動に移す人だ、と言っているのです。

それにしても不思議なもので、世の中には霊感の鋭い人が現におります。私もそうした人を何人か存じていますが、普通の女性で、よく当たるので信者が増え、立派なお寺を建てた人がいます。そのお弟子さんで、これもやっぱり女性ですが、よく当たるものですから生業にしていた薬剤師を辞めて、この人もまたお寺を建てました。

その人が、あるとき、私のところへ息せき切ってやって来て、「実は、私の次男が急におらなくなりました。もう、心配で心配でたまりません。先生、この子は生きているのでしょうか、死んでいるのでしょうか教えてください」と言うのです。そこで私が「あんたは、よう人を見とるのに、自分の子のことが分からんのか」と聞いたら、「いやあ、分かりません」と、こう言うのです。

なんで分からないかというと、己に克つことができなかったからです。子供がかわいい、というのは欲です。その欲から、よう離れ切らん。それで、他人のことは分かっても自分のことが分からなくなっているのです。ちょうど医者が、我が子を診ることができないのと同じことです。

江戸時代末期に大坂に「適塾《てきじゅく》」を創設した医師の緒方洪庵《おがたこうあん》のもとで、福沢諭吉翁は塾頭を務めていました。緒方先生も福沢諭吉を我が子のようにかわいがっていました。その福沢諭吉があるとき、腸チフスに罹《かか》ってしまいます。すると緒方先生は、一度も診察には訪れず、近くの町医者をよこして、薬を渡してくれるだけでした。

そこで、福沢諭吉は非常に不信に思って「緒方先生は、自分を我が子のように思って大事にしてくれるのに、わしが生死の境を彷徨っているときには、ただの一遍も診てくれない。何と冷淡な人か」と不平を口にしました。

福沢諭吉の病気は幸いにしてよくなって、このことを知人に話すと、その人が「実は緒方先生は、君を我が子のように思っていた。だから、自分で診察をすると誤診をする場合がある。そこで、他の医者に診察を任せ、その報告を聞いて、適当な薬を持たせていたんだ」と語るのを聞いて、福沢諭吉は非常に感動したのです。そのため、緒方先生が亡くなられた後、その奥様を我が母のごとく大事にされました。

このように、いくら霊感の鋭い人でも、我が子のことになると、その能力を発揮できなくなるのです。その結果、私のように霊感のない者のところへ駆け込んでくる。霊感とはそういうものです。

それと、もう一つ、霊感の鋭い人を過度に信用しないことです。一度、当たったから次も当たるだろうと考えると大失敗をすることがあります。

なぜかというと、占い師が商売として高額の見料《けんりょう》を取り始めたら、もう当たらなくなるのです。私利私欲に走り無我の境地でいられなくなるのですね。

ギリギリの場面で分かる君子と小人の違い

しかし、純粋に我を捨てた無の世界、己に打ち克った世界にいる人は、いつまでも鋭い感覚が衰えません。孔子という人は、そういう人でした。十四年間、各地を巡る間に、そうしたことが、度々あるのです。

例えば、

陳《ちん》に在《いま》して糧《りょう》を絶つ。従者《じゅうしゃ》病みて能《よ》く興《た》つこと莫《な》し。子路慍《うら》み見《まみ》えて曰《い》わく、君子も亦《また》窮《きゅう》すること有るか。子曰《のたま》わく、君子固《もと》より窮す。小人窮すれば斯《ここ》に濫《みだ》る。（衛霊公篇）

衛を去って、楚に行こうとして、陳におられたとき、呉が陳を攻める事件に遭い、食糧がなくなった。お供の人々は、飢えて、起き上がる気力もなくなっていった。子路は恨んで腹を立て、先師（孔子）に尋ねた。「君子も困ることがありますか」。先師は答えられた「君子とて、無論、困るさ。だが、小人は、困ったらすぐに乱れて、何をするか分からないよ」と答えられました。君子というものは、どんなに困っても、平常心を失わないものだよと、暗に教えておられるのである。

子路という人は、がむしゃらなところがあって、なんでも言いたいことを孔子に遠慮なしに言う人でありました。それが、「慍み見えて曰わく」。「慍」という字は「いきどおる」とも「いかる」とも読みます。そして「君子（立派な人物）も、困ることがありますか」と、だいぶ皮肉って尋ねました。「君子」とは孔子のことですね。

ところが、孔子は「君子固より窮す」。「そりゃあ、何日も飯を食わなかったら、困るわい」と答えました。しかし「小人窮すれば斯に濫る」。君子というものは、どんなに困っても乱れることはないが、小人（普通の人）は、困ったら何をするか分からない。「斯に濫る」ということだ。この「濫る」という字は、「盗む」と読んでいるものもあります。背に腹は代えられないと、他人様のものにも手を出すというのです。

これに、子路は「一般の人と君子が違うところは、ここだ」と非常に感動します。ギリギリの、まさに飢え死にしようかというときに至っても心が乱れない。乱れないどころか琴を弾いて、悠々としている。

このように、人間というものは、最初に申したとおり、極限状態に至って初めて、その人の真価というものが分かるのです。

その真価は、単に学問をして、物事をよく知ったからといって発揮されるものではありません。もっと根本の、天に通ずることによって、それが発揮されるということです。

普通の人であったからこそ万人に浸透した孔子の教え

次をご覧ください。

子曰《のたま》わく、賜《し》や、女《なんじ》は予《われ》を以《もっ》て多く學《まな》びて之《これ》を識《し》る者と爲《な》すか。對《こた》えて曰《い》わく、然《しか》り、非《ひ》なるか。曰《のたま》わく、非なり。予は一《いつ》以《もっ》て之を貫く。（衛靈公篇）

「賜」は、子貢の名前です。「孔子が言われた。『おまえは、私が多くを学んで、なんでも知っておるので、優れていると思うのか』。子貢が答えた『無論そう思いますが、間違っておりますか』。孔子が言われた、『それは間違っている。私はただ一つのことで、貫いているのだ』」と。

子貢という人は、孔門きっての秀才といってよい人です。頭もいいし、勘もいい。だから、書物を読んでも、すぐに分かってしまう。一方、孔子は当時の最も優れた学者でもあるわけですから、何を聞いてもよく知っている。そこで、孔子が「わしが、もうなんでもよく知っているので、わしを偉大だと思うのか」と尋ねたところ、

「そう思います」と子貢は答えました。「非なるか」は「間違っておりますか」ということです。孔子は、「それは間違っている。予は一以てこれを貫く」と。つまり、どんなことがあっても、自分はこれでもって貫いておるんだ、と答えています。

子貢は非常に優れた素質と働きを持った人で、しかも疑問に思うことは孔子に聞くとなんでも教えてくれる。だから、孔子が生きている間は、あんまり深刻に思わなかったんでしょうね。先生に聞いたことを、みんなに言ったら「子貢は偉いやつだ。なんでも知っている」という評判が立つから、いい気になってしまった。

しかし、これは秀才の悲哀といいますか、深く物事を考え、追究するということがありませんでした。したがって、いわゆる「天命」というようなものを悟るという境地には至らなかった。そこで、なんでも教えてくれる孔子が亡くなると、はたと困ってしまいました。そこで、一般の弟子たちが三年の間、父を失ったがごとく喪に服したのに対し、子貢は孔子のお墓のほとりに小さな庵《いおり》を造って、そこでさらに三年おるわけであります。

この子貢の行為を、一般の学者は「それだけ先生を思う気持ちが強かった」と、礼賛するのですが、私は、それは誤りだと考えています。なぜならば、いわゆる先生が亡くなって、自分は五里霧中の中、どう進んでよいか分からなくなった。そこで、お墓のほとりに庵を結んで自問自答しながら、孔子の求めたものを求め続けた。それが自分なりに求められるまでにさらに三年かかったのだと思います。

いずれにしても、平常は同じ生活をしてるから分からないけれども、いわゆる極限状態に立ち向かったときに孔子の偉大性は発揮された、ということです。そしてそれが、孔子の教えに永遠の生命を吹き込んだと言えると思います。そして、弟子たちと何ら変わらない生活をする中で、高い境地からの教えを垂れた。これが、孔子が今日、一般の人の中に生きている、大きな原因であろうと思います。また、孔子が生き神様、生き仏にならなかったことにも注目すべきです。

孔子の教えの真髄は「情理」にあり

物事を動かす源を、普通、「真理」「道理」あるいは「教理」「法理」などに求めますが、もう一つ、大切なものに「情理」があります。

「真理」というと、間違いはないけれども冷ややかさを感じませんか。「道理」にも人間性から離れた感じを受けるのは私だけではないでしょう。まして「法理」ともなると法律によって律しようということで、完全に人間の感情から離れてしまいます。

人間は、こうしたものによって動いているんですが、孔子が非常に尊んだものは「情理」です。人間は生きています。そこに情というものが必ずあり、その情を含めた理がある、と考えました。

例えば、次のような逸話が『論語』にあります。

葉公《しょうこう》、孔子に語りて曰《い》わく、吾《わ》が黨《とう》に直躬《ちょくきゅう》なる者有り。其の父、羊を攘《ぬす》みて、子之を證《しょう》す。孔子曰《のたま》わく、吾が黨の直《なお》き者は是に異なり。父は子の爲《ため》に隱《かく》し、子は父の爲に隱す。直きこと其の中《うち》に在り。（子路篇）

葉公が、孔子に世間話をしたときのこと。「私の村に、正直者と評判の躬《きゅう》という者がおります。彼は彼の父が羊を盗んだことを訴え出て、証人となりました。彼は非常に正直者です。こういう正直者が、私のところにおります」と孔子に言いました。それに対して孔子は「私のほうの村の正直者は、少し違います。父は子のために隠し、子は父のために隠す。このように、父と子が互いに隠し合うなかに、人情を偽らない、本当の正直があると考えます」と応えました。

これが「情理」です。そして、この「情理」を行動に移したのが孔子でした。だから、その子孫もやはり、父と子の間の「情理」を大切にしてきたからこそ、途切れることなく続いてきたのです。

孔子は「人間学」という上において、単なる冷ややかな真理を求めることも大切であるが、人間の情である「情理」というものも、また大切であることを、その生き方をもって教えてくれていると思います。

第四講

王陽明の生き方に学ぶ

王陽明先生と安岡正篤先生

第四講は、陽明学の祖である王陽明先生を取り上げます。

陽明先生は、いまから約五百四十年前（西暦一四七二年）、明国の浙江省《せっこう》紹興府《しょうこう》にお生まれになりました。名前を「守仁」、号が「陽明」、姓は「王」でありますす。書の大家として知られ書聖と称せられた「王羲之《おうぎし》」の家系に繋がると言われています。

私が初めて「陽明」という名前を知ったのは、学生時代のことでした。十七、八歳の頃だったと思います。宇野哲人《てつと》先生の著された『支那哲学史』の中に「孔子の教えの中で現在に大きく影響を及ぼしているものに『朱子学』と『陽明学』があり、これが代表的なものだ」と書かれていました。これが王陽明の存在を知った始まりです。

その後、大阪の師範学校の学生だった私は、二十歳の年に生涯の師である安岡正篤先生の著作『王陽明研究』を読んで非常に感動しました。それで、先生に直接教えを請うと同時に、陽明先生の研究にいっそう拍車がかかったわけであります。

この『王陽明研究』は、安岡先生が東京帝国大学を卒業された大正十一年に、卒業記念として執筆・出版された本で、内容に深みがあり、文章も非常に練られていたために、初めて読まれた人も「これは、相当の老学者が書いたものであろう」ととられ、多くの人に読まれたようであります。

この本に関しては、こういう逸話が残っています。ある夏の日、九州の某知事が『王陽明研究』を読んで非常に感動し、東京の先生宅を訪ねました。すると、玄関に絣《かすり》の着物に袴《はかま》姿の書生が出てきて、知事が「安岡先生はご在宅ですか」と尋ねると、その書生が「安岡は私です」と答えた。知事はびっくりして、「こんな、青二才が」と思ったもののいまさら帰るわけにもいかないから、すすめられるままに上がり込んで話を聞くと、ぞっこん惚れ込んでしまい、その場で弟子入りした、という話を後年、その知事から直接聞いたことがあります。

それほど安岡先生は魅力的な人物でした。私は、安岡先生を通じて陽明先生という人物を知り学びました。王陽明先生と安岡正篤先生は、私にとって離して考えられない存在です。こうして私は、急速に陽明先生と安岡先生にのめり込んでいきました。

私塾「有源舎」を設立

私は師範学校を卒業してからも故郷の高知には帰らず、大阪で教員をしていました。ところが卒業して間もなく、故郷の知り合いから「若い優秀な子供が、中学へ行きたい、と言っている。しかし金銭的余裕がないために中学に行くことができない。ついては勉強の面倒をみてくれないか」と頼まれました。

当時、中学へはよほどしっかりとした家計の基盤がないと行けなかった時代です。だから、いくら優秀な者でも、小学校を卒業すると世の中に出るのが普通でした。それが私は、大阪の師範学校に行ったというので、田舎では随分有名になってしまい、「勉強したい」という少年を受け入れることになってしまったのです。

最初は先生一人、生徒一人でしたから支障が出ませんでしたが、一人増え、二人増え、しまいには、大阪の土地の者までが「一緒に入れてくれ」というのが出てきたりして、ついに自宅では手狭になってしまいました。それでも「わしの本業は小学校の先生だ」と、こうした私塾をやる考えは毛頭持っていなかったのですが、次々と入塾希望者がくるものですから、それから二年半ほどの間に五回も家を変わりました。

あの当時は、貸家札が至るところにぶら下がっていた時代ですから、新しい家でもすぐに見つかります。しかし、若い連中が起居するものですから、柔道はするわ、相撲はとるわで、畳はすぐに痛むし、襖《ふすま》はボコボコに破る。そのうち狭くなるから家を変わりますが、保証金はいつも没収です。

こうしたことが続いているとき、私の師範学校時代の恩師で、非常に尊敬していた池永義堂先生が、私が塾まがいのことをやっていることを知って、家に「有源舎」という名前をつけてくれました。

知識より知恵の発揮を説いた陽明先生

この「有源舎」という名前の根拠は、陽明先生の教えを収録した陽明学の代表的テキスト『伝習録』の中から選んだものでありました。

同書の中に、

その数頃《すうけい》の源なきの塘水《とうすい》とならんよりは、数尺の源あるの井水の生意《せいい》窮らざるものとならんには若《し》かず、と。時に先生塘辺に在りて坐す。傍《かたわ》らに井あり。故にこれを

以て学に喩《たと》ふと云ふ。（『伝習録』安岡正篤・著）

と、あります。「頃」というのは土地の面積を表す単位です。百畝《せ》を一頃といい、一畝は三十坪（約百平方メートル＝一アール）です。日本と中国では面積を表す単位が違いますから一概には言えませんが、安岡先生は「一頃は我が三町歩に近い」と言います。一町歩は約一ヘクタールですから数ヘクタールと置き換えてもよいでしょう。また、「塘」は堤のこと、「塘水」は池の水のことを言います。

陽明先生のこの言葉は、学問に向かう態度を示唆したものです。

陽明先生は、単に机上の学にとどまらず、弟子たちを連れて各地を歩き、その場所で教えを垂れた人です。西洋にもありますが、逍遙《しょうよう》学派的な生き方をとった現場で教える人でした。

池永先生は、この言葉の「井水の生意窮らざるものとならんには若かず」というところまでを書にしたため、名前の由来として送ってくれました。「有源舎」というものが、どうあるべきかを示してくれたのです。

安岡先生はこれを次のように解釈しておられます。

「数町歩の水源のない池水になるよりも、広さは数尺に過ぎないが、水源があって、こんこんと湧いて尽きない井戸水の生意窮まりない方がましである」。これはちょうど先生が池のほとりに坐しておられた時、その傍に井戸があったので、これを学問のことに譬《たと》えられた話である。

要するに、広い池のたまり水は、一見すると随分たくさんのように見えるけれども、長くすれば水は腐り、生気を失っていく。ところが、数尺に過ぎないこの狭い井戸の水は、地下水から直接汲み取れるものであって、汲めば汲むほど新鮮な水が湧き出し、常に生き生きとして生気に満ちている。学問というものも、いろいろな知識をたくさん蓄えるよりも、こんこんとして尽きない知恵の泉の水を汲み取ることが大切だ、ということです。

知識と知恵は、ここが違うのです。

後に安岡先生は「学問は停滞してはいけない。絶えず努めてやまないことが必要である。『孟子』に『源泉混混昼夜を舎《お》かず』とある。塘水は多くても停滞するが、井戸水は少なくても新陳代謝して常に新たである。学道の好い活教訓である。老生かつて詩あり『挙世囂々論陸沈／乱倫敗俗転傷心／幸斟先聖有源学／詩酒猶存老興深』」とおっしゃっています。

先生はおそらく、この部分を解釈するときに、この詩が浮かんできたのではないのでしょうか。

私の小さな学舎に「有源舎」という名前がついているのは、先生もご承知でありました。後に私は、この「有源舎」を拡充して大学生を修養する道場を昭和二十八年につくり、「有源舎」の名前を継承しようと思いましたが、安岡先生が「学生の修養の場に相応しい名前に」と言って、新たに「有源学院」と命名し、表札を書いてくださったことを記憶しています。

このように、学問というものは、いたずらに知識を蓄えるだけでなく、こんこんと湧き出て尽きない泉の水を汲み取る、いわゆる知恵を磨いていくことが大切です。

「有源舎」の名づけ親・池永義堂先生のこと

「有源舎」の命名者である池永義堂先生は、八の字ひげをたくわえ、非常に気品が高く、ユーモアに溢れた人でしたから学生に親しまれ、若いのに「おじいちゃん」というあだ名をつけられていました。

人間の縁というものは不思議なものです。私が師範学校に入って最初の授業が、池永先生でした。先生はなぜか理由は明かしてくれませんでしたが、「君は他の入学生とは違う」と気に入られ、私を家に招いてくれるようになりました。私は小さいときから『論語』を諳《そらん》じ、『史書』なども読んでいたので、おそらくそれが印象に残ったようです。先生にはお子さんが三人おりましたが、皆、私に懐《なつ》き、いつの間にか家族のようになっていきました。

先生方は夏休みに入ると家族を連れて故郷に帰ることを常としていました。そこで私に「帰省中、家の留守番をしてくれ」と頼んできました。私は師範学校に入るために故郷を離れるとき、父親から「一人前になるまでは絶対、家に帰るな」と厳命されていました。そのため、夏休みになって他の同級生が田舎に帰っても、私だけは寄宿舎に残る予定でした。そんなときに「食料は確保し、蔵書は自由に読んでいいから留守番を頼む」と言われたら、否も応もありません。その休暇は、先生の家で食糧の心配もなく、自由自在に書物が読めるという非常に充実した休みを過ごすことができました。

すると、これがきっかけとなって、長期休暇になると、あちこちから留守番を頼まれるようになり、非常に恵まれた学生時代を過ごすことができました。

その後、池永先生とは、先生が亡くなるまで家族的な交わりをして、さまざまな指導を受け、さらに現在でもご遺族との文通が続いております。

大阪「洗心洞文庫」で『伝習録』を学ぶ

こうして、陽明先生の研究を書物を通じて、私は力の限りやっておりましたが、一番は、なんといっても生きている人から直接、教えを受けることが大切だと考え、安岡先生に師事したのです。しかし、安岡先生は東京、私は大阪におり、簡単にお会いすることができません。そこで、疑問を書いた手紙を何回も先生にお出しして教えを請いました。それに対して先生は、その都度、非常に親切なご返事をお出しいただき、おかげさまで私は二百余通の先生の書簡を受け取ることができました。これはいまでも持っており貴重な学問上の財産になっています。

とはいえ、やはり離れているのは不便ですから、あるとき先生に「関西に優れた陽明学の大先達はおりませんか」と尋ねたところ、先生は京都大学の高瀬《たかせ》惺軒《せいけん》先生を紹介してくださいました。

私は早速、高瀬先生をお訪ねしたところ、「大阪の洗心洞文庫《せんしんどうぶんこ》というところで、毎月日曜日に『伝習録』の講義をやっている。都合がつけば、こちらへいらっしゃい」ということを言われたのです。

この「洗心洞文庫」とは、徳川時代末期の陽明学の先達として有名な大塩平八郎がつくった「洗心洞」の名前を復活させたものでした。

大塩平八郎は大坂町奉行組の与力でしたが、学問が非常に優れていて、三十八歳で役職を引退し、「洗心洞」という私塾を開いて子弟を教育しました。しかし、天保の大飢饉の際に、幕府の無策に憤って反乱を起こし亡くなってしまいます。それと同時に「洗心洞」も消滅してしまうのですが、大正七年に「大阪毎日新聞」の山本彦一社長や森下仁丹《じんたん》の創始者・森下博氏などによって復興運動が起こり「洗心洞文庫」として復活したものでした。

ここで高瀬先生や、安岡先生も教えを請うた岡村閑翁《かんおう》先生などが、『伝習録』を教えていました。その後、高瀬先生は『伝習録』の講義を約三十年にわたって続けましたが、太平洋戦争の空襲で文庫が焼けてしまい、講義も中止に追い込まれました。

戦後の新たな学びの場として「洗心講座」を開講

そこで戦後、今度は「洗心洞文庫」を復興しようと、私も「洗心洞文庫」の管理をしていた森下仁丹に交渉に行くと「都市計画に入っていて、変更するわけにはいかない」ということで、ついに復興は一端断念。その代わり、復興までの繋ぎにと思って「洗心講座」というものを始めました。会場は知り合いの茶道の宗匠（佃一茶翁）が提供してくれました。そこで『伝習録』の講義を始めたのです。

第一回はちょうど昭和三十年五月一日のメーデーの日で、デモ行進のシュプレヒコールで講義の声も聞き取れないぐらいに騒々しい日でしたが、講義の途中にデモ行進に参列していた学校の先生が、プラカードを持って私たちの講義を聴きに来たことを、いまでも印象深く覚えています。

当時は皆が生活に困っていたこともあって労働運動が非常に盛んで、労使が鋭く反発し合っていましたが、労使双方とも元気というか馬力がありましたね。そのエネルギーが日本復興の源にもなったのです。ところが最近の経営者も労働者も「この困った日本を、どうやって復興するか」という方向性を見い出し得ないでいる。政治家も党利党略に走り、目先のことでしか動いていない。机上の空論でない陽明学的見方をいま、もっともっと考えなければならないときだと思いますね。

その陽明学を学ぶ場でもある「洗心講座」は、昭和三十年から五十七年間、八月を除く毎月、第一日曜日に、途切れることなく続き、平成二十四年で六百三十回を超えました。最近は、インターネットで知って全国各地からやって来られる方が増えています。

私は陽明先生の生誕五百年にあたる昭和四十七年、全国の皆さんにも呼び掛けて生誕五百年の法要を大阪毎日会館大ホールで行いました。会場には大きな陽明先生のお位牌をつくり、加えて日本陽明学の先哲の位牌も添え、日本の陽明学の祖である中江藤樹先生が開かれた「藤樹書院」から祭典に出張を願いました。「藤樹書院」は、いまでも土地の青年を中核に、儒教式祭典方法と日本式祭典方法をミックスした丁重な祭典が毎年行われています。そこからおいでいただいて、古いいかめしい祭典を行い、さらに、陽明学研究の第一人者である安岡正篤先生に「王陽明の人と学について」ご講話をいただきました。

また、平成二十年には、中江藤樹先生の生誕四百年祭が行われ、東京でも致知出版社主催で講演会が行われました。このように陽明先生は、心ある者によって、その教えが継続をされているのです。

格物とは何か

そこで、今日は、陽明先生と門弟たちとの問答を記録した『伝習録』をもとに、お話を進めていきたいと思います。『伝習録』は陽明学の入門書としては恰好《かっこう》のテキストですので、ぜひ全篇をじっくり読んでいただきたい。これをお読みになれば、大体、陽明学の大綱を知ることができると思います。安岡先生が、非常にやさしく、口語で解釈をしたものが出版されております。また、安岡先生が若かりし折に著されたという『王陽明研究』も、改訂版が出ておりますので参考にされればよろしいかと思います。

それでは『伝習録』の大事なところをいくつか紹介していきましょう。

最初のテーマは「格物とは」。ここは、非常に大事なところですから、じっくり繰り返してお読みいただきたいと思います。

先生、大学の格物諸説において、悉《ことごと》く旧本を以て正しとなす。蓋《けだ》し先儒の所謂《いわゆる》誤本なる者なり。愛始め聞いて駭《おどろ》き、既にして疑ひ、已にして精を殫《つく》し思を竭《つく》し、参互錯綜し、以て先生に質《ただ》す。然る後に先生の説は、水の寒《つめた》きが若《ごと》く、火の熱きが若く、断断乎として、百世以て聖人を俟《ま》ちて惑はざる者なるを知る。（『伝習録』安岡正篤・著）

〈先生は『大学』の格物の諸説に対し、すべて『礼記』の旧本のままを正しいとされた。それは程子・朱子が誤本と言ったものである。私は初めてこれを聞いたときは大いに驚いたが、やがて疑問をもち、その後いろいろ考えて広く取調べ、先生に質問した。先生の説は水が冷たく、火が熱いのと同じことで、全く理の当然であり、百代の後聖人が出て来ても惑うことのない説であることを知ったのである〉（『伝習録』安岡正篤・著）

口語文に訳してありますので、十分お分かりになると思います。

陽明学の真髄は「事上磨錬」にあり

次は、「事上《じじょう》に磨く」という項目があります。これも、陽明学の真髄を知る上で非常に大切なものです。普通は「事上磨錬《まれん》」という言葉で一般的には知られていますす。しかし、我々は普段「磨錬」という言葉はあまり使いません。そこで、ひっくり返して「錬磨」と表現していることが多いのですが、「磨錬」という言葉は陽明学の一つの特徴といってもよい言葉です。

問ふ、静時は亦《ま》た意思の好きを覚ゆれども、才《わずか》に事に遇へば便ち同じからず、如何。

先生曰く、これ徒《いたず》らに静養を知つて、克己の工夫を用ひざればなり。かくのごとくにして事に臨まば、便ち傾き倒れんとす。人は須《すべか》らく事上に在つて磨くべく、方に立（得）ち往《とどま》らん。方に能く静にも亦た定まり、動にも亦た定まらん。（『伝習録』安岡正篤・著）

〈問う「私は静かな時には心のはたらきもよいと思いますが、何か問題に出会いますと、同じようには参りません。なぜでしょうか」。先生曰く、「それはただ静養を知って、己に打ち克つ修行を行わないからである。ちょうど温室の花と同じことで、そのような状態で事件に臨んだなら、外力に圧倒されてしまうであろう。人間はいろいろな事件と取り組んで自己を磨かねばならぬ。そうすれば自然に確立して、静時にも安定するし、動中にも安定するであろう」〉（『伝習録』安岡正篤・著）

王陽明の生きた時代は、机上の学問が多かったのですね。詩を読み、そして、だんだんとその知識を積み重ねていくところに学問の真髄があると、一般には受け取られていた時期であります。それに対して「そうではない」と唱えたのが陽明先生でした。「事上に磨錬する」ということは、単に机上で本を読んで頭にそれを蓄積するというだけではなく、体を介して会得していくということが大切だ、と言っているのです。

考えてみると、人の一生というのは何が起こるか分かりません。私も、じっと考えてみると、自分の思いどおりにいったことはほとんどないと言ってもよいくらいで、思いがけないことがひょこひょこと起こってきました。それは、人間関係だけではありません。戦争や自然の大災害が起こって、一瞬にして生命、財産を失うこともあるわけですから。「善因善果」といって、良い原因を結んだら良い結果が生じるということは普通に言われることでありますけれども、必ずしも良い行いをしたからといって、直ちにその結果として良い結果が生じるとは、言い切れないものがあります。

次に行きます。

「程朱の学では動・静は一如とするが、同時に静を根本と見、心の静・不動を保つこと、いわゆる定静を説き、静坐澄心を重んじる。王陽明もその静を重んじるが、同時にこの事上磨錬を説く。これは動的修養といわれるものであって、陽明学の積極的な一面を示す。陽明学が実際的であり、行動的な性格を持つのは、事上磨錬を説き、知行合一を説いて、生活そのものを修養の場とするところにあるということができる」（『伝習録』安岡正篤・著）

「程朱」というのは、宋学の重鎮・程明道《ていめいどう》、程伊川《ていいせん》と朱熹《しゅき》、いわゆる程朱学です。平和な時代には机上の空論も大した影響はないけれど、いろいろなものにぶつかると机上の空論では役に立たない。その場において、それを解決するために全知全能を働かせてぶつかっていくことが非常に大切である、ということを説いています。

陽明学が唱える「知行合一」

その後の「知と行」の項目も、これに相通じるものがあります。

知は行の始め、行は知の成るなり。聖学はただ一箇の功夫。知行は分つて両事と作すべからず。（『伝習録』安岡正篤・著）

〈知ることは行うことの始めであり、行うことは知ることの完成であって、それは一つの事である。聖人の学問はただ一つの工夫あるのみで、知ることと行うことを分けて二つの問題としないのである〉（『伝習録』安岡正篤・著）

皆さんも陽明学を学ぶ、学ばないに関わらず、この問題は、いろいろと考えさせられるところであろうと思います。これを「知行合一」と言います。

朱子学はどちらかというと「知先行後」と言って、知ることが先で、行うことが後だと主張します。ものを知らなければ、行うことにならないから、知ることが先だという考え方です。

それに対して陽明学は、知るだけでは本当に知ったとは言えない。それは、行動に移してこそ、本当の知だと言います。実践の裏付けがあってこそ、初めてそれを知ったと言えるのである。「知行は合一である」――これが陽明学の考え方です。

朱子学も決して、行いというものを軽視しているわけではありません。しかし「知先行後」というものの考え方からすると、「行」うためには先に「知」らなければなりません。それが陽明学では、「知」ると「行」うことは合一である。行動が伴わなければ、その知は単なる空空寂寂《くうくうじゃくじゃく》たるものである、と言うのです。

したがって、平和なときには朱子学的な生き方が一般に受け入れられますが、混乱の時期には陽明学の「知行合一」の考え方が有効性を発揮します。徳川時代の学問の主流をなしたのは朱子学でしたが、朱子学だけでは幕末の行き詰まった状況を打開することはできませんでした。そこで脚光を浴びたのが陽明学です。吉田松陰《しょういん》、西郷南洲《なんしゅう》（隆盛）、山田方谷《ほうこく》などの優れた陽明学の徒が非常に大きな業績を残し、後世に影響を及ぼしました。

三島由紀夫という人も陽明学徒でした。彼はもともと西洋的学問から入った人です。そして、それにある程度の行き詰まりを感じたときに選択したのが東洋の陽明学でした。しかし、業半ば、中途半端な状態で割腹自殺を図ってしまい、安岡先生も非常に残念がっておられました。半煮えの状態でとった彼の行動に対しては、いろいろ批判する人はありますが、純粋な点からすれば陽明学的な生き方をしようとした人であることは確かです。

『伝習録』の核心「抜本塞源論」とは

さらに、『伝習録』で一番の中心的テーマに「抜本塞源論《ばっぽんそくげんろん》」があります。「本を抜き源を塞ぐ」とは、もともと悪の根源を断つという意味ですが、では「本とは何か。源とは何か」。以下、「抜本塞源論」の要点を口語訳で抽出しました。これをお読みいただけばご理解いただけると思います。

それ抜本塞源の論、天下に明かならざれば、則ち天下の聖人を学ぶ者、将に日に繁く日に難く、この人、禽獣夷狄《きんじゅういてき》に淪《しず》み、而《しか》もなほ自《みずか》ら以て聖人の学となさんとす。吾の説も或《あるい》は蹔《しばら》く一時に明かと雖《いえど》も、終に将に西に凍解して東に氷堅し、前に霧釈して後に雲滃《うんおう》せんとし、呶呶焉《どうどうえん》として危困して以て死するも、卒《つい》に天下の分毫《ぶんごう》を救ふことなきのみ。（『伝習録』安岡正篤・著）

〈そもそも抜本塞源の論が世に明らかにならないと、世の中の聖人を学ぼうとする人も、学ぶべきことが日に日に繁瑣《はんさ》困難になって、人間でありながら禽獣《きんじゅう》・夷狄《いてき》に等しいほどに堕落してしまい、しかもなお、それを自分では聖人の学と思いこむことになるであろう。私の学説も一時世に知られることがあっても、結局は西に解ければ東に凍り、前に霧が消えれば後に雲が集まるというように、何時までたっても本当には明らかとならず、危難と困窮のうちに死んで、しかも世を少しも救うことにならない〉（『伝習録』安岡正篤・著）

学問の基本は「致良知」

次に、「良知は造化的精霊」という項目があります。これも重要な項目です。

先生曰く、良知はこれ造化の精霊なり。這些《これ》の精霊は、天を生じ地を生じ、鬼を成し帝を成す。みなこれより出づ。真にこれ物と対するなし。人もし他《かれ》に復（得）し、完完全全にして、少しの虧《き》欠《けつ》なくんば、自《おのず》ら手の舞ひ足の蹈むを覚えざらん。知らず天地の間、更に何の楽《たのしみ》の代るべきあらんと。（『伝習録』安岡正篤・著）

〈先生曰く。良知は造化の精霊である。この精霊は天を生じ地を生じ、また鬼神を作り天帝を作ったものであって、この世にある一切のものは、みなこれから出て来たのである。これは真に物と対立することのない、絶対的存在である。人がもしこの良知の本体に復帰して、少しも欠けるところがない（存在となる）なら、手の舞い足の蹈むことを覚えない（忘れるほどの）法悦《ほうえつ》に浸ることができるのである。この天地間、この楽しみに代わるものがあるであろうか〉（『伝習録』安岡正篤・著）

「良知」については『伝習録』の中で「良知はこれ天理の昭明霊覚の処なり。故に良知はすなわちこれ天理なり」と述べています。すなわち良知を天地万物を生み出す精霊、宇宙の根本と位置づけました。また『大学』の中の「致知格物」の「知」も、孔子の「仁」、『中庸』の「誠」もこの良知に当たり、良知と同じであると言えると思います。

この「致良知（良知を致す）」、すなわち良知を究めることを、陽明先生は「自分の学問の一番の基本＝根拠である」としています。したがって、「陽明学」を「致良知」と置き換えてもよいと思います。

孔子と陽明先生は、自分の悟った心境といいますか、学問的根拠を一言で表そうと、随分苦労をされました。孔子は「五十にして天命を知る」わけですが、それは、知識（頭）ではなく体で受け止めている、体験しているんです。これを悟る、と言いますが、その喜びは、自分だけで匿っているのではなくて、人にも伝えたいと思ったけれども適当な言葉を発見できませんでした。孔子は「天」を体得したけれども、「天」について説明をしなかったといわれていますが、しなかったのではなく、普通の人が理解できるように説明できなかったのです。

これは陽明先生も同じでした。そして彼は、自分の悟りの世界をなんとか表現しようと、思考を重ねた結果、ちょうど五十歳のときに「致良知」という言葉にインスピレーションを受けたとされています。

普段、我々の世界でも、仕事上や技術上などさまざまな側面で「コツ」がありま す。しかし、そのコツを言葉で説明しろと言われても容易なことではありません。そのもどかしさは、優れた人になればなるほど感じているのではないでしょうか。言葉というものは誠に便利なようで不自由なものです。例えば「悲しい」という感情を言葉だけで説明しようとしても、どうしても不十分にならざるをえない。「熱い」ということを、経験したことのない人に百万遍話しても本当のところは分かってもらえません。それよりも、一度でも皮膚に触れれば「これが熱いということか」と一遍に分かるはずです。「百聞は一見に如かず」ではなく「百聞、一見は一体験に如かず」です。

同じことは「貧乏」にも言えます。日々の生活もままならないような過酷な体験をした人でないと、本当の貧乏は分かるものではありません。親の地盤を引き継ぎ、選挙費用の心配もなく、落選もしたことのないいまの二世、三世の政治家に、国民の生活の苦しさが分かるはずがないのです。

松下電器産業（現パナソニック）の創業者である松下幸之助さんは、尋常小学校四年生の十二月で中退を余儀なくされ（昔の小学校は四年で卒業でした）、大坂に丁稚奉公に出るなど随分ご苦労をされた。いまから四十数年前、その松下本社の幹部が私のところへ初めて社員研修の依頼に来られたときには、剰余金が三千億円ありました。これは一年間、仕事をせずとも、社員の給料が払えるほどの金額です。

松下さんは幼少時から貧の辛さを身にしみて感じていたのでしょう。「いざというときのために」と蓄えたお金が、これだけの金額になったのですね。その一方、会社は順調に業績を伸ばし、この剰余金に頼らなくてもよくなっていました。

陽明先生は『伝習録』の中で、「なんじのもっている良知こそ、なんじが則るべき基準である。これに則りさえすれば意念のおもむくところ是は是、非は非と判定して、いささかのごまかしも許さない。良知を欺かず、しっかりとそれに基づいて行動すれば、悪は消え善だけが残る。これはなんと楽しいことではないか」と言い、これこそ致知（良知）の実践的修行に他ならない、と述べているのです。

四言教・四句訣

次の「四言教・四句訣」ということも大切です。何回も読み返してください。

丁亥《ていがい》の年九月、先生起《た》つて復《ま》た、思・田を征す。将《まさ》に行を命ぜんとする時、徳洪と汝中と学を論ず。汝中、先生の教言を挙げて曰く、善無く悪無きは是《こ》れ心の体、善

有り悪有るは是れ意の動、善を知り悪を知るは是れ良知、善を為し悪を去るは是れ格物と。徳洪曰く、この意如何。汝中曰く、これ恐らくは未だこれ究竟の話頭ならず。もし心の体はこれ善無く悪無しと説かば、意も亦たこれ善無く悪無きの意にして、知も亦《ま》たこれ善無く悪無きの知、物もこれ善無く悪無きの物。もし意に善悪有りと説かば、畢竟《ひっきょう》心の体にも還《ま》た善悪の在るあらん。徳洪曰く、心の体はこれ天命の性にして、原《もと》これ善無く悪無き的《もの》なり。ただ人は習心ありて、意念上に善悪の在るあるを見る。格・致・誠・正・修は、これ正にこれ那《か》の性の体に復《ふく》するの功夫なり。もし原善悪なくんば、功夫も亦た説くを消《もち》ひざらんと。この夕、天泉橋に侍坐す。おのおの挙げて正を請《こ》ふ。先生曰く、我今将に行かんとす。正に你們《なんじら》の来つてこの意を講破せんことを要す。二君の見は、正に好くあひ資《たず》けて用をなす。おのおの一辺を執るべからず。我の這裏《ここ》に人に接するに、原《もと》この二種あり。利根の人は、直《ただち》に本源上より悟入す。人心の本体は、原これ明瑩《めいえい》にして滞《とどこお》ることなき的、原これ箇の未発の中なり。利根の人は、本体を一悟すれば、即ちこれ功夫にして、人己内外、一斉に倶《とも》に透了す。その次は習心の在るありて、本体蔽を受くるを免れず。故に且《しばら》く意念上に在つて、実落に善をなし悪を去らしむ。功夫熟して後、渣滓《さし》の去

（得）り尽くる時、本体も亦た明尽す（了）。汝中の見は、これ我の這裏に利根の人に接する的にして、徳洪の見は、これ我の這裏にその次のために、法を立つる的なり。二君あひ取って用をなせば、則ち中人上下は、みな引いて道に入らしむべし。もしおのおの一辺を執らば、眼前に便ち人を失ふことあらん。便ち道体においておのおの未だ尽さざるあるなりと。既にして曰く、已後《いご》朋友と学を講ずるとき、切に我の宗旨を失（了）ふべからず。善無く悪無きは是れ心の体、善有り悪有るは是れ意の動、善を知り悪を知るは是れ良知、善を為し悪を去るは是れ格物《かくぶつ》。ただ我が這の話頭により、人に随つて指点すれば、自ら病痛没《な》し。これは原これ徹上徹下の功夫なり。利根の人は世に亦た遇ひ難し。本体功夫の一悟して尽く透るは、これ顔子・明道もあへて承当せざる所なり。あに軽易に人に望むべけんや。人は習心あれば、他《かれ》をして良知上に在つて実に善をなし悪を去るの功夫を用ひしめずして、ただ去《ゆ》いて懸空に箇の本体を想《おも》はしめば、一切の事為は、倶に着実ならずして、一箇の虚寂を養成するに過ぎず。此箇の病痛はこれ小小ならず。早く説破せざるべからず。この日徳洪・汝中倶に省《さと》るあり。（『伝習録』安岡正篤・著）

〈嘉靖《かせい》六年丁亥《ひのとい》の年（一五二七年）の九月、先生は出陣して再び広西省の思州・田州の賊を征伐されることになった。ちょうど出発の命令を出そうとしておられたとき、私（徳洪）は汝中（竜渓）と学問を論じた。

汝中は先生の教えである四句教をあげて曰く、「善なく悪なき、これ心の本体である。善あり悪あるのは意の動である。その善を知り悪を知るのが良知であって、善を行い悪を去ることが格物である」。

徳洪曰く、「それを君はどう思うか」。

汝中曰く、「これはまだ至極のところを言ったものではないと思う。もし心の本体を善なく悪なしとするなら、同様に意も善なく悪なく、知も善なく悪なきもの、物も善なく悪なきものでなければならない。もし逆に意に善悪があるというなら、結局、意の根源である心にも善悪がなければならない」。

徳洪曰く、「心の本体は天賦《てんぷ》の絶対性であるから、本来善なく悪なきものである。しかし人間には後天的経験に由来する習心というものがあるから、心の動きである意念には善悪の存在することがあるのである。そこで『大学』に説く格物・致知・誠意・正心・修身は正にかの性の本体に復帰する修行に外ならない。もし意念に本来善悪がないなら、これらの修行を説く必要はないのである」。

二人の意見はこのように違っていたので、その日の晩、天泉橋という所で先生に侍坐《じざ》した際、二人がそれぞれ自分の意見を述べて先生の批判を願った。

先生曰く、「私がいよいよ戦地に出かけようとしているこの機会に、君らはどうか私の四句教の意味を充分研究して明白にしておいて欲しい。君ら二人の意見は、相助け合ってはじめて役に立つのであって、各自が一方の考えだけを固執していてはいけない。そもそもわれわれが接する人々には、元来二種類ある。生れつきは素質のよい人々は直接本源から悟入して行くことができる。人心の本体はもともと明澄で、何ら留滞《りゅうたい》がない。自由である。それは未発の中である。利根の人はその心の本体を一たび悟れば、そのまま修行であって、人と我、内と外とが一斉に透徹する。その次の人は、現実経験による習慣的心理があって、心の本体に多少蔽のあるを免れない。この蔽があるから、暫時《ざんじ》意念について実際に善をなし悪を去るように努めさせなければならない。この修行が熟して、心の不純物がなくなってしまえば、心の本体もまたことごとく明らかになる。王汝中の意見は、われわれの接する素質のよい人間に対するものであり、徳洪の意見は、われわれの接する第二の人物のために立てた教育法に外ならない。だから両君が互に意見を採り合って使うなら、普通以上のものも、以下のものも、みな正道に引き入れることができよう。しかし、もし各自が一方だけに固執していると、現に人を誤ることになり、道体についても十分でないことになろう」。

先生それからまた曰く、「今後諸君が朋友と研学する場合、どうか私の本旨を誤らないようにして欲しい。善なく悪なきが心の本体、善あり悪あるは意の動、善を知り悪を知るが良知、善を為し悪を去るが格物。この私の標語を本にして、人物に応じて教えて行ったなら、必ず弊害はないと思う。これは本来、上下を問わず、誰にも通ずる修行であるが、生来特別よい資質をもった人には容易に遇えるものでなく、本体・修行、一悟尽透というようなことは、顔淵や明道ですら、敢て自ら当たらなかったことで、軽々に人に期待できることではない。一般の人々はみな習心があるから、これらの人に対して、良知上より善をなし悪を去る修行をさせないで、ただ徒らに観念的に本体を空想させるだけであったなら、一切の行動はすべて着実ならず、一人の虚無的な人間を養成するに過ぎないことになろう。この弊害は決して小さなことではないから、両君は早く充分に話し合って明らかにしなければならない」。

この日二人共大いに悟るところがあった〉（『伝習録』安岡正篤・著）

おごりがもたらす人生の大病

最後に、私が読んで非常に感動を覚えた文章を紹介します。それは「人生の大病」という項目です。

先生曰く、人生の大病はただこれ一の傲字《ごうじ》なり。子となつて傲なれば必ず不孝。臣となつて傲なれば必ず不忠。父となつて傲なれば必ず不慈。友となつて傲なれば必ず不信。故に象《しょう》と丹朱と倶《とも》に不肖なるは、亦《ま》たただ一の傲字、便《すなわ》ちこの生を結果せり（了）。

諸君常にこれを体するを要す。人心は本これ天然の理にして、精精明明、纖介《せんかい》の染著なし。ただこれ一の無我のみ。胸中切に有すべからず。有せば即ち傲なり。古先聖人許多の好処も、也《また》ただこれ無我のみ。無我なれば自ら能く謙なり。謙は衆善《しゅうぜん》の基にして、傲は衆悪の魁《さきがけ》なりと。（『伝習録』安岡正篤・著）

〈先生曰く、人の一生の最大病根は、傲の一字に尽きる。子となって心おごれば必ず親に不孝となり、臣となって心おごれば必ず君に不忠となり、父になって心おごれば必ず子を慈しまず、友人となって心おごれば必ず友に不信になる。かの舜《しゅん》の弟の象と、堯《ぎょう》の子の丹朱が不肖であっても、ただ傲が彼らの一生に結果したのである〉

（『伝習録』安岡正篤・著）


「象」というのは、名帝と称された舜の弟であり、「丹朱」も同じく名帝である堯の息子です。この両人とも決して悪い人物ではないのですが、舜も堯も弟や子供に跡を譲らなかったんですね。なぜなら「ただ傲が彼らの一生に結果したのである」と。やはり、兄貴が天子だったら弟はおごってしまう。堯の子も同じで、舜も堯も非常に謙虚な人ですが、その弟やら息子は、それをかさに着て不肖でした。最近でも、韓国の大統領の兄貴が逮捕される事件がありましたが、あれも「傲」です。

〈諸君はこのことをよく身につけることが大切である。人の心は本来天然自然の理であって、極めて清く明るく少しの汚染もない。それは一つの無我であって、胸中に何物もあってはならない。あればそれがおごりになるのである。昔の聖人は幾多の長所があるが、要するにそれは無我に帰着する。無我であれば自然に謙虚になれるのである。謙はあらゆる善行のもとであるが、おごりはあらゆる悪のさきがけである〉（『伝習録』安岡正篤・著）

「謙」は「へりくだる」という意味、謙虚の「謙」です。『易経』に「謙（地山謙）」という卦があります。これは易の六十四卦の中で最も理想としている卦と言われ、謙虚さを説いている項として特に重要視されています。故に「謙はあらゆる善行のもとであるが、おごりはあらゆる悪のさきがけである」のです。これは、説明をしなくても我々の周囲にもよく見られることですし、我々自身もうっかりすると、こういうものに陥らんとも限らないのです。人間は、「実るほど頭を垂れる稲穂かな」で、内容が充実し、名が世に出れば出るほど謙遜であることが大切です。

多くの苦難に直面しながらも決して屈しなかった陽明先生が、最後の言葉として「謙」というか「傲」ということを、弟子たちにこんこんと説いているのです。これは、本当に心から滲《にじ》み出た陽明先生の言葉であり、弟子たちに対する深い戒めであるというふうに思われるのであります。

このように『伝習録』には珠玉の言葉があちこちに出てきますから、ぜひ全篇をお読みください。

第五講

中江藤樹の求めたもの

「賢母の教え」が結んだ藤樹先生との縁

第五講の講題は、「中江藤樹の求めたもの」ということになっておりますが、私が幼少時から非常に尊敬してきた中江藤樹先生について、私の体験や思いを交えながら進めてまいりたいと思います。

藤樹先生は、四十一歳で亡くなられた方です。「世界の聖人」の代表と称せられる孔子は七十三歳で亡くなっていますので、三十二歳も若くして亡くなりました。また私の恩師の安岡正篤先生は、八十六歳で亡くなりましたから四十五歳、そして不肖、私は現在九十七歳（当時）になりましたから私の半分にも足りないうちに亡くなっています。

その藤樹先生が、日本で学者にして初めて「聖人（近江聖人）」と称せられ、私のような老人が「中江藤樹」と呼び捨てにできずに「藤樹先生」と呼ばないと落ち着かないということは、藤樹先生は若くして亡くなったけれども、いつまでも生きている人だと、いまさらながら感じるのであります。

藤樹先生は、関ヶ原の戦いから八年後の一六〇八年に近江国小川村（現滋賀県高島市）に生まれました。父は中江吉次といって農民でしたが、祖父の徳左衛門は伯耆国《ほうきのくに》米子藩（鳥取県米子市）で相当な地位（百五十石取り）の武士でしたから、当然、お父さんもその跡を継ぐべき人でありました。しかし、武士になるのを嫌ったのか理由は分かりませんが、百姓をしている教養人でした。また、お母さんもなかなか立派な人でもありました。

ところが九歳のときに、跡継ぎがいない祖父から「ぜひ跡継ぎに」と言われ、武士に仕立てるために無理やり米子に引き取られてしまいます。米子では祖父母から大切に育てられますが、どうしても両親が忘れられず、これは後年の創作とも言われますが、ある日密かに故郷に帰ってきてしまいます。それは雪の降る朝のことでした。井戸端で水を汲んでいた母親を見かけた藤樹少年は、思わず走り寄って「お母さん」と声をかけました。

しかし喜ぶかと思ったお母さんは、形を改めて「すぐ、お祖父さんの元に帰りなさい」と言って藤樹少年を叱《しか》り、家にも入れずに返したとされています。

これは、私が高等小学校のときの教科書に「賢母の教え」という題で載っていたお話で、藤樹先生のお名前を初めて知ったと同時に、話の内容に非常に感動しました。

というのも、私の母は私が生まれて間もない頃から、あちこちに連れ回し、「この子は将来、必ず学校の先生にする」と吹聴して回ったようなのです。躾も「先生は標準語を話さなければ」と故郷の高知地方の方言ではなく「お父さん」「お母さん」と呼ばせるほど厳しく躾けられました。

その母が、七つのときに亡くなり、それがきっかけで『論語』に親しむようになった、ということは第三講で述べました。私は母の願いに沿うべく、高等小学校を二年で修了すると、高知師範学校に入学するつもりでした。しかし一学期を通ってみて、「どうしても大阪か東京の、日本の中央の学校に通いたい」という思いが強くなりました。このことを父に話すと、「家の跡継ぎなのに、とても許可できない」と聞き入れられず、さらに親族一同がすべて反対に回りました。

それでも諦めきれない私は、「なんとしても、もっと中央で勉強したい」と言い張り、ついに父親の許しを得ると、大阪に姉が来ていましたから、二学期から大阪の師範学校に転校したのです。

　しかし、いざ家を出るときに父親から「学業が終わり、目的を達成するまでは絶対に家に帰るな」と約束させられました。そのため、学校が休みになっても私は故郷に帰ることもできず、一人寮に居残ることになりました。そうしたこともあり、やはり故郷を思う心は忘れがたく、ホームシックにかかることもありました。しかし父親との約束がありますから帰郷するわけにもいかず、鬱々《うつうつ》たるときに元気づけてくれたのが、小学校時代に読んだ、この「賢母の教え」でした。このお話によってなんとかホームシックに打ち克ったのです。このように私は、少年時代から藤樹先生とは、奇妙な縁で結ばれていました。

藤樹先生の本を読みつくした師範学生時代

　小学校入学以前から『論語』に親しんでいた私は、師範学校時代、藤樹先生に関する文献を次から次へと読み漁りました。そして、手に入るものは大体、読んだつもりでおりましたところ、ちょうど卒業の年でしたが、非常に貴重な文献が大阪の中央図書館にあることを聞きつけました。そこで早速、学校が終わるとその足で中央図書館に向かい、夕刻までその本を読み帰宅する毎日を過ごしました。

そうしたある日、私は帰路に「易断」の提灯が下がっているのを見つけ、「卒業を前に自分の将来を一度、占ってもらおう」と立ち寄ったのです。すると易者は私が師範学校の帽子をかぶっているのを見て「小学校の先生を希望しておるようだけれども、絶対に向かん。悪いことはいわんから思いとどまりなさい」と言うのです。私は母の志を受け継ぎ、必ず達成しようと思っているのに、易者がそう言うものですから、易者と論争が始まってしまいました。

すると易者いわく、「あんたは、実業家になりなはれ。それも商工業に従事したら大成する。こちらのほうが小学校の先生になるより、遥かに世のため人のために尽くすことになる」と言うのです。また、これで論争です。「何言うとんねん」と。そしたら、今度は易者いわく、「あんた、商工業がいやなら坊主になりなはれ。坊主になったら天下を動かす」と。結局、私は小学校の先生になりましたが、商工業者も坊さんも私には向いていなかったかもしれません。

そんなエピソードがあって無事、卒業しましたが、戦前は師範学校の卒業生は全員、軍隊に入ることになっていました。「五か月伍長」といって、五か月間だけ入隊すると下士官の一番下の位である伍長に昇進し、その後は教師ですから国民兵役に編入されて、戦争があってもほとんど召集されない、という特典があったのです。その入隊日までに高知に帰郷する時間的余裕はありませんでした。当時は大阪から高知の故郷に帰るには船しかなく、片道二泊三日もかかったのです。

地域に根づく藤樹先生の徳

そこで私は、この機会に藤樹先生の「藤樹書院」を訪ねようと思い立ち、最初に比叡山《ひえいざん》に登りました。大雪の日で、根本中堂にお参りをしたものの、私一人でした。そして山を下りる途中でふと後ろを振り向くと、私の足跡だけが雪の中に残っていました。そのとき、「そうや。人間は生きとるうちは、一人で歩んだ跡が残るような、そういう生き方をしたい」と強く思ったものです。

そして琵琶湖畔に下りてくると、当時も湖西線と呼ばれている鉄道も既にありましたが、それには乗らずに、藤樹先生が歩いたであろう琵琶湖畔を、徒歩で小川村に向かいました。途中で一泊して翌日、小川村に入ったのですが、地図を持たずに歩いていましたから「藤樹書院」の場所が分かりません。そこで畑仕事をしている女の人に「藤樹書院はどちらでしょうか」と聞きましたら、このご婦人が「藤樹さんですか」といって、えらいにっこり笑われ、わざわざ仕事道具をその場に置いて、私を案内してくれました。

私は、なんだか亡き母を思い出しましたが、その婦人が「藤樹さん」と親しげに呼びながらも気品のある態度を崩さないのを見て、「ああ、藤樹先生のよいとこは、こういうところに及んでいるのだな」と大きな感動を覚えました。

こうして無事、「藤樹書院」にまいりましたら、美髭《びぜん》を蓄えた老人が同書院を管理していました。そこで、私は単刀直入にこの老人に尋ねました。

「藤樹先生は、特別優れた先生について学んだということもない。しかも、四十一歳という若さで亡くなられました。当時（徳川時代）は随分、優れた学者を輩出していますが、どうして、この若くして亡くなった藤樹先生が『近江聖人』と称せられ、讃えられるのでしょうか」

するとそのご老人は、「藤樹先生は、若くしてこの地に帰り、この地の土になるべく、しっかりと足を大地につけ、腰を降ろして生涯を終えられた。そこが他の有名な学者先生とは違うんじゃ」と答えを返してくれました。「やはりそうだったのか」と納得しました。

皇后陛下が残された「中江藤樹先生をたたえる文」

それから、お墓にお参りをして、当時まだ創建間もなく木の香も新しい「藤樹神社」を参拝しました。同神社には、昭和天皇の皇后となられた良子《ながこ》女王殿下がお妃候補になられたとき、将来日本の国母となるべく教養を身につけられた東宮妃御学問所でお書きになられた「中江藤樹先生をたたえる文」が、女王殿下の倫理の先生となられた杉浦重剛《じゅうごう》先生の斡旋《あっせん》で納められ社宝となっていました。その文書をぜひ拝見させていただきたい、という思いが強かったことも、藤樹先生への敬愛の念とともに同神社参拝の理由の一つでした。

ちなみに杉浦重剛という人は近江国膳所《ぜぜ》藩（現滋賀県大津市）の儒者の家に生まれ、明治維新後に文部省の派遣留学生として渡英して化学を学び、帰国後は東大予備門（後の第一高等学校）の校長などを勤められた優れた思想家であり教育者です。

そこで私は宮司さんに「ぜひともご文書を拝見させていただきたい」とお願いしたのですが、宮司さんはけんもほろろに「文書は宮内省の所管で、年一回の虫干しのとき以外は、公開しておりません」という返事。当時私は二十二歳の青二才でしたから、無鉄砲にもこう啖呵《たんか》を切ったのです。「私は、母の素志を継いで小学校の教員になるべく、師範学校を卒業しました。将来は、日本一の学校の先生になるつもりです。田舎の実家にも帰らずに、その足でここにお参りしたのは、これを拝見したいためです。この、前途ある青年の門出をくじくことは、将来国家のためにも必ずしもプラスじゃない。ましてや、皇后さまは、お喜びにならないでしょう」と。

そうしたら、その宮司さん、ぱっと形を改めて「しばらく、お待ちください」と言って中へ入られた。そして次に出てきたときは、衣冠束帯《いかんそくたい》に身を固めて、文書を三方に乗せたふくさに包んで、捧げ持ってきたんです。そして、「さあ、ご覧ください」と言って見せてくれました。

おそらく皇后陛下が十代のときであったと思いますが、立派な筆跡で、文章もよく整っておられました。私は非常に感激をして、読み終わったところで、もう一度読み、三回目に「できれば筆写させてください」と頼んでみたものの、「それこそ、宮内省の許可がなかったら絶対いかん」と。結局、筆写することはできませんでしたが、二度繰り返し読んだことで暗唱できるほど記憶に残り、私は満足して神社を後にしたのです。

このときの感激はいまでも忘れずに残っております。中でも文章の最後のほうの、「学においては藤樹先生に及びもつかないものの、徳においては藤樹先生に及ぶべく、生涯努力をしていきたいと思う」

というところは鮮明に思い出すことができます。

昭和天皇は、四十歳半ばで敗戦を迎えられました。そして戦後すぐに「自分の身はいかになろうとも」とおっしゃられて、戦争責任者として天皇陛下を恨む者も多い中、身を捨てて全国をお回りになり、敗戦で荒んだ日本国民を元気づけられました。それを支えたのが皇后陛下であることは言うまでもありません。

また、戦後両陛下は各国から招かれて、多くの国々をご訪問されましたが、どこに行かれても評判になったのは、皇后陛下の笑顔です。円満なお顔から発するなんとも言えない微笑みは、容易に出てくるものではありません。非常な苦難を経ながら、その中にあって磨かれた微笑みだと思います。

しかも、その徳は「藤樹先生に及ぶべく、生涯努力をしていきたい」ということを書かれています。私は、その表れが、あのなんとも形容しがたい微笑みとなって、世界の人々を魅了したと、密かに感じたのであります。

母への孝行のために脱藩、帰郷

藤樹先生が祖父の養子となって米子に移り住んだ翌年、藩主の加藤貞泰《さだやす》が伊予国大洲藩《おおず》（現愛媛県大洲市）に国替えとなり、藤樹先生も祖父母とともに同地に移住します。そして十五歳となった一六二二年に元服して大洲藩士となりました。ところが前年に祖母を亡くし、同年には祖父も他界したため、一人になった藤樹先生は家督百石を相続します。以降、二十七歳まで大洲藩士として相当な地位に上るのですが、十八歳のときには父の吉次を失い、母一人を故郷・小川村に残すこととなりました。

そこで藤樹先生は、二十五歳になると近江に帰省し、母に伊予での同居を勧めます。しかし母は「この歳になって他郷に行くのは嫌じゃ」と、この申し出を断ります。母を説得できなかった藤樹先生は、やむを得ず大洲に帰っていくのですが、途中の舟上で喘息《ぜんそく》を患ってしまいます。

大洲に帰ってからも母のことが忘れられない先生は翌年、小川村への帰郷を決意します。二十七歳となった翌一六三四年三月、母への孝行と健康上の理由で辞職願を藩に提出しますが許されず、ついに十月、脱藩して京都に潜伏後、ようやく近江に帰郷します。当時、脱藩は切腹ものの重罪でしたが、藩は藤樹先生の孝心に免じて不問に付しました。

このとき、脱藩後も先生に従った一人の雇人がいました。彼は祖父の代からずっと仕えてきた雇人で、先生は帰郷すると彼に持ち金の三分の二を与えて故郷に帰し、自身は残りの三分の一のお金を元手に、一杯飲み屋（居酒屋）を開業します。親族の中に造り酒屋を営むものがおり、そこから安く酒を分けてもらうことができたからです。

それにしても、武士という体面を極端に重んじる人間が、その地位を捨て、よく一杯飲み屋のような庶民的なことを考え、すっとできたものだと感心してしまいます。しかも、その一杯飲み屋をやりながら、大いなる影響をその土地に及ぼすことになるわけです。

この自在な心の持ちようこそ「聖人」とよばれる所以でしょうか。

三十にして室あり

その後、藤樹先生は儒教の「三十にして室あり」という言葉の通り三十歳で結婚されます。妻となったのは伊勢亀山藩士高橋小平太の娘・久でした。

一方、不肖私は二十八歳になった昭和十八年に妻を娶りました。その前年、私の父が軽い脳梗塞を患いました。父を故郷に残しておくことが心配だった私は、大阪に迎えようとしました。ところが父は、藤樹先生のお母さんと同じように「七十にもなって、いまさら他郷に行くことはかなわん」と言って頑強に大阪に来ることを拒み続けました。私も案じながら、どうしようもできないものですから、父は「それだけ心配に思うのなら、お前が故郷に帰ってこい」と、再び藤樹先生のお母さんと同じことを言うのです。ところが私は、勤めがありましたから帰郷することができません。

葛藤《かっとう》が続きましたが結局「やっぱり大阪に迎えたい」と思いました。そのためには、故郷の女を嫁にすることだ、と結婚することにしたのです。同郷の女性ならば言葉も生活習慣も変わりませんから。

そうしたら、こんなむくつけき男でも、あちこちから花嫁候補が出現してきました。当時は太平洋戦争の最中で、健康な若者の多くは戦場に行っておりましたから、私のように健全で、兵役を免除された者は非常に少なかったのです。女性にとってみたら結婚相手がいなかったわけですから、縁談話は降る星のごとくありました。

そこで、どうせ嫁にもらうのなら一番若い女性を、と女学校を卒業したばかりの女性に、結婚の第一条件として「私の父はやがて病気で倒れる。そうなった場合、父を大事にすること」と伝え、了承を得たものですからお見合いをして一緒になりました。それがつい半年前に亡くなった家内です。七十二年間ともに生活し、いまさらながら感謝しております。

藤樹先生と大野了佐

こうして結婚式から四か月後に両親と家内を大阪に迎え、新たな生活をスタートさせたのですが、その矢先、父が脳溢血《いっけつ》で倒れ人事不省に陥ってしまいました。医者からは「治る保証はない」と半ば見放されましたが、「医薬の効がなくても、最後の最後まで尽くすのが子としての務め」と、私は父の横でずっと看病を続けました。そんな折、ふと頭に浮かんだのが藤樹先生が著した医学の本でした。藤樹先生の書物は当時、岩波文庫から『藤樹先生全集』が出版されていましたが、その中に『捷径医筌《しょうけいいせん》』という医学書があることを思い出したのです。

この本は藤樹先生を慕って大洲から学びにまいった大野了佐《りょうさ》という人のために、藤樹先生自らが書かれた本です。了佐は並外れて記憶力が悪く、武士の子であっても跡を継ぐことができませんでした。そこで医者になるべく志を立てて藤樹先生のもとに入門したのです。

藤樹先生は医者ではありません。しかし、当時の学者は医学の知識も随分ありました。特に先生の場合は、喘息の持病があったこともあり、病気・身体に関して十分に研究されていたようです。当時の東洋医学は、現在の西洋医学と違い対症療法でしたから、熱が出た、腰が痛いなどというと、針治療などで痛みを和らげる。それが驚くほど効いたようです。そして、こうした治療法が書かれた教科書を暗記・暗唱することが、その当時の医学を学ぶ基本でした。

しかし了佐は、歳もそこそこいっていたこともあり、一句を暗記するのに午前十時から午後四時まで二百回も繰り返し暗唱して覚えたと言われています。ところが、夕食をとるとすっかり忘れてしまう。そこでまた百回繰り返して、ようやく暗唱できたとされるほど、記憶力が悪かった。そんな了佐を藤樹先生は、諦めずに粘り強く、「四書」なども教えて一人前の医者に育てあげます。その結果、了佐はその後、大洲に帰り、非常に思いやりの深い医者として、土地の人に感謝されながら一生を終えたといいます。

医者に見放された父を救った藤樹先生の医学書

こうした記憶力の悪い了佐のために書かれた医学教科書ならば、まったくの素人でも多少は理解できるだろうと考え、私は『捷径医筌』を読み始めました。すると、最初に「診脈」という項目があり、「脈には死ぬ前に打つ『死脈』が七つある」と出ているのです。そこで父の脈を測ってみると「死脈」らしきものは打っていません。このとき、私の中には「西洋医が見放した父が助かるかも分からん」という希望が湧いてきました。

そして次に薬を調べ、「防風通聖散《ぼうふうつうしょうさん》」という中風を防ぐ薬が効きそうだと分かると、すぐに買いに走りました。しかし戦争中のことです。「防風通聖散」は市販されてはおらず、仕方なく二十数種類ある原材料を求めることにしましたが、これとて簡単には手に入りません。あちこち飛び回り、ようやく大半を集めると、これを煎じて父親に飲ませようとしたのです。材料の中には「金と同じ値段や」というほど高価なものもありました。

ところが、いざ飲ませようとしたら、父親の舌が固着して動かんのです。そこで『捷径医筌』を見たら「舌が固着している場合には『転舌膏』という薬がある」と書いてあります。また薬局を回って探しました。しかし「転舌膏」はどこにもありません。そこでもう一度『捷径医筌』に目を通すと「もし『転舌膏』がない場合は、ニラの葉っぱがよろしい」と書いてあります。汁を搾《しぼ》って一滴一滴、辛抱強く舌の上に落とせば、そのうち動く、というのです。

亡き父への悔い

そして、その通りにしたら少し舌が動いたんです。「これは、いける。薬が飲める」と思って少しずつ、煎じた薬を落としていくと、突然、ひょっと目を開けた親父が「この薬は、効きすぎや」と。私はびっくりしてしまって声も出ませんでしたが、これがきっかけで、だんだん意識が回復してきました。そして、半身不随にはなりましたが、私の膝の上に座ることができるほどに回復したのです。

そうしたころ、最初に診断した西洋医が、いつまで待っても「死亡診断書」を書いてくれと言ってこないから診にきた、と訪ねてきたのです。すると、私の膝の上に親父が坐っているものですから、びっくりして「どないな手当てをしたのか」と聞いてきます。私が、これまでの経過を話すと、「わしは学生時分から漢方が非常に大切なことは知っておった。西洋医学とともに東洋医学もやりたいと思うとったが、横文字は読めても縦文字（漢文）が読めない。その本を、私に分かるように日本文に直してもらいたい」と言われましたが、戦争がますます激しくなってきて、ついにその要望には応えられませんでした。

そして父は、半身不随のままではありましたが、その後二年間も生き、昭和二十年五月十五日に他界しました。この間、家内には大変世話になりました。空襲があるたびに、身体の不自由な父を運び、日常の看護はすべて家内がやっていました。その献身的な看護のおかげで父は二年間も生き延びることができたのです。感謝しないわけにはいきません。

父の葬儀を終えて一月後、兵役には関係ないだろうと思っていた私にも召集令状が来ました。そのため大阪にいる必要がなくなった家内は、母と長男、そして父の遺骨とともに、空襲の中を故郷の高知に帰って行きました。

藤樹先生は、武士をやめて母に孝養を尽くすために故郷に帰ることを決断しました。それに対して私は、「老いては子に従え」という言葉はあるものの、親父を半ば無理やり大阪に迎え、戦争末期の混乱の中、大変な苦労をさせて死なせてしまいました。藤樹先生に学びながら、私は逆の生き方を選択してしまったのです。これは私の人生で最も悔いの残る出来事でした。一言の不平も言わずに亡くなった父ではありましたが、いまでもそのことを思わない日はありません。

私は後日、『藤樹先生全集』の『捷径医筌』の部分を担当された広島大学の加藤盛一先生に、「藤樹先生のおかげによって父が救われたように思います。心から感謝申しあげます」と礼状を出しました。それに対して加藤先生からは「この全集の医学書の部分まで読む人は少ない。しかし、その本でお役に立てたということは、それだけでも、この本の値打ちがありました」という丁重な感謝のお手紙をいただきました。

私は藤樹先生に学びながら、その逆の生き方を取りました。けれども、藤樹先生の書かれた医学書によって父は蘇りました。藤樹先生とは、切っても切れない縁を感じています。

「易学」を学び、天命を知る

藤樹先生は近江に帰郷した翌年、「易学」の大切さを知り、易の修得に努めます。「易」は、天地宇宙の原理を解き明かします。そこから仁慈に至るのが「易学」であり、単なる知識の集積ではありません。人間を超えて天に向かってのものであります。したがって、藤樹先生が「易学」を志したということは、既に二十八歳の若さで、「易学」が天に向かう導きの糸となる学問であることに気がついておられたということです。

そこで、京都に出て易学の先生を探すのですが、訪ねた高名な先生は月謝が高く、入門できません。次に訪ねた先生は「月謝は要らない。その代わりに一つの区切りがつくまでは、家に帰ってはならん」と言われ、母に孝養を尽くすべく帰ってきた身としては、これもできない、ということで、本屋で「易」の書物を求め独学で勉強します。

こうして藤樹先生は、二十八歳の若さで単なる学問の領域を超えて、天地宇宙の根源の働きに直に接しようと試みております。いまでも「藤樹書院」には藤樹先生の易学に関するいろいろなものが残っていますから、ご覧になるとよろしいと思います。

私もいたりませんが、「易学」に対しては早くから関心を持ち、『易経』なども読んでおりましたが、その真意はなかなか摑《つか》めませんでした。それが、ちょうど私が二十七歳のとき、東京で安岡正篤先生の「易学入門」という長期講座が開かれました。私は仕事を休んでこれに出席して、先生から直接「易」を学ぶことができ、多少でも「易」の真髄を知ることができました。いまに至るまで、及ばずながらも「易学」については忘れられないものがあります。

「藤樹学」とも呼べる豊かな教え

「易学」を修めた藤樹先生のもとには、地元の民衆はもちろん、遠く大洲藩からも多くの人々が教えを請いに訪れました。その際、藤樹先生は単に「四書五経」の解説ではなく、天地宇宙の原理を解き明かす「易」の原理原則をもとにしながら教えていかれました。さらに医学もわきまえているなど、天地宇宙の根源の働きに直接触れた、より深い「仁」の心をもった「人間学」とも「藤樹学」とも呼べる教えを広めたのが藤樹先生でした。だからこそ、唯一「聖人」という称号で呼ばれているのだと思います。

にもかかわらず後世の多くの学者たちは、藤樹先生を「陽明学を日本に伝えた第一の人」という普通の学者としか捉えておらず、易や医学を修めた側面、また偉大な教育者としての側面を評価する人が、あまりにも少ないのが現状です。藤樹先生を普通の学者として捉えるのは誤りです。

例えば居酒屋を営んだことも、単なる利益の追求ではありません。

主要な客であった馬子《まご》たちは「一日貧乏、一日金持ち」と言われる生活を送っている者たちが大半でした。つまり無一文で朝、仕事に出掛け、昼に稼いだお金も夕刻に居酒屋で使い果たし、無一文になって帰っていく、という生活です。その結果、家にお金を入れない亭主と女房の間で喧嘩が絶えません。

それに対して藤樹先生は、馬子一人ひとりの酒量の限界をわきまえ、限界が近づくと追加の酒を売りませんでした。その結果、稼いだお金を全部使うことなく家に帰りますから夫婦の仲も円満になり、貧乏からも逃れていく。さらに酔客同士の喧嘩も減って村全体が平和になり、感謝されたといわれています。

また、これは比較的有名なエピソードですが、ある武士が藩の重要な金を運んでいる途中、うっかりして大金を置き忘れてしまいます。気がついたその武士は気が動転。「見つからなければ自分は切腹しなければならない」と落ち込んでいるところへ、先程使った藤樹先生の居酒屋の客である馬子が、その金を届けてくれます。感激した武士は、馬子に大枚の謝礼を渡そうとするのですが、馬子は一文もこれを受け取ろうとしません。

武士はだんだん値段を下げ「これぐらいなら受け取ってくれるか」と言っても、馬子は受け取りません。ついに下げるだけ下げたところで馬子は「それほどおっしゃるならば、届けた駄賃に、これだけいただいたら結構や」と言って受け取りました。

しかし馬子は、そのお金をそのまま持っては帰りませんでした。「これは思いがけなく入った臨時収入」と言って、他の旅籠の客にお酒をおごり、帰って行った、というエピソードです。これはもちろん藤樹先生の教えを守ったからです。

「吾、徳あらざれども、隣あるの楽しみあり」

この話を耳にした一人に、天才的な記憶力の持ち主で、後に岡山藩の上席家老となり天下に名を轟《とどろ》かす熊沢蕃山《ばんざん》がいました。蕃山はこのとき、優れた先生を求めて各地を回っていたのですが、「これだ」という先生に巡り会えずにいました。ところが、この話を聞いて「こうした馬子を育てた人物こそ、自分の求める先生だ」というので、早速、藤樹先生を訪ねるのですが、先生は入門を許可しません。やむなく蕃山は出直してきて、今度は藤樹先生の家の軒下に坐って夜を明かします。その誠意を見て、ようやく入門が許されるのですが、家庭の事情もあって、長らく藤樹の門にとどまることができず、僅か数か月で離れていってしまいます。

この蕃山に、藤樹先生が送った手紙が残っています。そこには「吾、徳あらざれども、隣あるの楽しみあり」と記されていました。これは『論語』の中の「徳は孤《こ》ならず、必ず鄰《となり》有り（徳を積むということは、いわゆる孤独ではない。必ず誰かが知っていていてくれる）」という言葉に対応したものです。すなわち、「私はそんなに徳はないけれども、お前さんのような優れた者が来た。なんと楽しいことではないか」と、言っています。

これは、なかなか言えない言葉です。「私に徳があるから、お前のような優れた者が来てくれた」と、普通の人なら考えがちです。それを「私はそんなに徳はないけれども」と、僅か三十そこそこで言える懐の深さ、謙虚さは見事です。

藤樹先生は三十七歳のときに『王陽明全集』を手にし、自分の考えとまったく同じであることを発見します。それから『王陽明全集』を非常に大切にされるわけです。陽明先生は三十五歳で南方の僻地《へきち》に流され、死線を彷徨うような苦しみを味わって大きく悟った人であります。ところが、藤樹先生は『王陽明全集』を手にする前に、既にその心境に到達していました。

一般的に藤樹先生のことを「日本陽明学の始祖」と表現する人が大部分ですが、

私に言わせれば、藤樹先生が陽明学を知ったときには、既に先生はそれを悟っておられた、と言えると思います。だから藤樹先生の教えは「藤樹学」と呼んだほうが相応しいと思うのです。

僅か十一歳で志を立てた藤樹先生

藤樹先生は僅か四十一歳の若さで、惜しまれつつ亡くなりますが、孔子と同様「天命を知った人」でした。

孔子は「十有五にして学に志し」、四十代で当時の学問を究めたものの、四十代も半ばを過ぎる頃から「知識だけでは十分ではない」ということを悟り、「我に数《すう》年《ねん》を加え、五十にして以て易を學《まな》べば、以て大過無かるべし」と言って「易」を学び、「五十にして天命を知」った人です。

それに対して藤樹先生は、十一歳のときに『大学』の

天子自《よ》り以て庶人に至るまで、壹《いっ》に是れ皆身を修むるを以て本と為す〈〈本末という点からみると〉天子から一般の人にいたるまで、おしなべて自分の身を修めることが

本〈根本〉である)。

という文章を読み、立派な人物になろうと志した人です。

だからいまでも、小川村周辺の小学生は、十一歳になると全員が「藤樹書院」にお参りをしています。

道歌に込めたメッセージ

また藤樹先生は、漢詩も、和歌もつくられましたが、先生の特徴は宇宙根源の働きから、自ずから滲み出た言葉が道歌となって残っています。

その一部を紹介しましょう。

毫髪《ごうはつ》の適莫《てきばく》もなく味《くら》からぬ　こころ良知の本体とし れ
何事も打ちわらひつゝ過すべし　花ちりぬれば実を結びける
世をうしとまよふ心の意必固我《いひつこが》　とくれば本のたのしみのくに
何事もおのれに出る山彦の　こたふる聲《こえ》や人の世の中

雲霧もよしやうき世の習ひぞと　思ふ心に月はくもらじ
人のよきをよくほめてあげて廣《ひろ》むべし　あやかることのありやせんもし
知らざりし己が為にとはかりける　意《こころ》すなはち地獄なりけり
天地も心の中にそなはれば　心の外に何か見るべき
さとり得て後の心とくらぶれば　昔はよくぞまぬがれにける
くやむなよ、ありし昔は是非もなし　ひたすらただせ當下一念《とうかいちねん》

これは、当時の知識人に対する歌ではありません。一般の人に向けた藤樹先生のメッセージです。

信念を貫いた「當下一念」

かつて我々関係者によって「中江藤樹先生生誕三百五十年祭」を盛大に小川村で開催したことがあります。大阪を中心に全国から集まった百五十人と、愛媛県大洲市を中心にした同県人百五十人がバス六台を連ねて同村を訪ね、藤樹先生の誕生を祝いました。その時、安岡正篤先生をお迎えして藤樹先生のお話を伺ったことがあ

ります。そして「藤樹書院」で揮毫《きごう》を頼まれ、安岡先生が書き残されたものが、次の漢詩です。

安岡正篤先生、中江藤樹先生を偲ぶ
　席上献詠《けんえい》
英雄ノ功業ハ世ニ喧傳《けんでん》ス
道ニ達スル人ハ知ル　徳ヲ養フノ賢ナルヲ
千載蒼々《せんざいそうそう》雲水ノ外《ほとり》
依々《いい》トレテ来リ拝ス古堂ノ前

そして、これに加えて、次の歌が奉納されました。

うつし世を忘れて遠き古の　聖にまみゆけふのみまつり
かかること今にありけり友とちと　大き聖の学びやにつどふ
忘らへぬひじりの跡に尋ねきて　教を語るけふのたのしさ

「安岡先生は、五百年に一度、出るか出ないかというような人物」と、東大の宇野精一先生は安岡先生を評価しておりました。

その安岡先生が、「依々トレテ来リ拝ス古堂ノ前」と詠みました。「依々」というのは、ここでは「離れない」という意味です。「千載蒼々」は千年も前から自然の変わらない片田舎ですが、そこへ「依々トレテ来リ拝ス古堂ノ前」。

そのときに、もう一つ書かれた言葉が「當下一念」。これは、「現在の一念を、ずっと続けることが大切だ」ということです。もし「藤樹書院」にお参りの際は、「藤樹記念館」にこの額がかかっていますから、ご注意ください。

この「當下一念」は、藤樹先生の「くやむなよ、ありし昔は是非もなし　ひたすらただせ當下一念」の歌からとったもので、藤樹先生の本当のあり方を示した言葉です。「悔やんでもしょうがないぞ、昔のことは。どうにもないけれども、いまからでもひたすら正せ、いまのこの純粋なる心」と詠っています。

人間は、もともと天地の心を持ってこの世に生まれてきています。したがって、正月元日は日本人が誰でも一瞬、純粋な心、神の心に返ります。それが、初詣に繋がっていくわけです。正月とは「正しい月」と書くように、中でも元日は、悪人といえども一瞬、善人に帰る日と言われています。

その一瞬帰る正しい心を、この一年ずっと続けようと呼びかけていますが、一月も終わりになると、元日の誓いなどもう忘れ、九月ともなるとずたずたで、そうこうしているうちに、また正月元日が巡ってくるのが我々凡人です。

それを三百六十五日ずっと続けたら、これが「聖人」です。藤樹先生は、僅か四十一歳で亡くなりましたが、元日の心をずっと続けようと努力した人であります。そこに藤樹先生の永遠なる生命が、天地とともに繋がり、いまに至るまで我々の心の中に生き続ける理由があるのではないかと私は思います。

何も聖人だけが清らかな心を持っているわけではありません。本来は誰もが持っている正しい心。それを持ち続けていく努力をすることが、学問のあるなしに関わらず、大切なことではないかと思うのです。

第六講　総　括

「立志」の方向を誤るな

本講座もこれで最終回となりました。これまで孔子、王陽明、中江藤樹の三先生の「問学と求道」の生き方を通して「いかにして人物となるか」をお話ししてきました。今回は、これまでの五講を振り返りつつ、人の生き方のまとめとしたいと思います。

人生にとって一番大切なことは、「志を立てる」すなわち「立志」ということです。志というのは「心の行くところ」と解釈してもよいのですが、要するに、自由奔放《ほんぽう》な心を一つにまとめることです。人間は無数の欲望を持っています。何ごとかをやろうとする場合、最後は心を一つに統一して、それに向かって邁進《まいしん》することで、事は成就されるわけです。

始めの方向が髪の毛ほどの違いでも、先に行けば千里の隔たりになることを、「毫釐《ごうり》の失、千里を以てす」と言います。長さを測る単位は尺（約三十センチメートル）、寸、分、釐（厘）、毫（毛）、糸の順番で十分の一ずつ短くなっていきます。この中の「毫」と「釐」ですから「ほんの僅か」という意味です。

人間は神と動物の中間にいる存在で、両方の要素を持っている、と以前述べました。したがって、幼少時に神の方向を向いて学び出すか、動物の方向に行ってしまうのかによって、行く末は大きな差が出てきてしまう。大切なことは、始めに正しい方向を目指すということです。

十有五にして学に志した孔子

孔子はいまから約二千五百年前の西暦紀元前五五一年に、今の中国山東省にあった魯国に生まれました。しかし、三歳（二歳という説もある）で父と死別。母は家を離れ、一人で孔子を育てます。

当時の中国は、日本の徳川時代のような「士農工商」の身分社会でした。父の叔《しゅく》梁紇《りょうこつ》は村長のような立場にありましたから、指導階級の「士」であったでしょう。その息子である孔子も「士」階級に属していました。当時の魯国にはいまの公立小学校や大学に当たる教育機関が開設されており、指導階級の子弟は八歳になると小学校に入り、十五歳で大学に入ることができました。しかし、幼くして父を失った孔子は、おそらく、その学校には行けなかったのではないでしょうか。

幸いにして、リタイアして田舎に住む老学者がおり、その人に幼少の時分から随分かわいがられたと言われていますから、おそらく基礎的な勉強は、その人に学んだのだろうと思います。

十五歳のときに、いわゆる志を立てます（「吾十有五にして学に志す」）。その志とは、立身出世ではなく、立派な人物、すなわち聖賢となるための学問です。人が十五歳で学に志すというのは、必ずしも早くはありません。第五講で紹介した藤樹先生は十一歳で「大人となる学」に志を立てていますし、二宮尊徳は僅か十歳です。

賢も不賢も、皆、先生

決して早い「立志」ではありませんでしたが、孔子はいわゆる知識欲に燃えており、誰からでも話を聞く。

『論語』に

子曰《のたま》わく、賢《けん》を見ては齊《ひと》しからんことを思い、不賢を見ては内に自ら省《かえり》みるなり。

（里仁篇）〈※注「賢」は賢いだけでなく知徳兼備の優れた立派な人物のこと〉

とありますが、孔子にとっては「賢も不賢も、皆、自分の先生」なのです。

また、例えば、このような言葉があります。

子曰《のたま》わく、三人行えば、必ず我が師有り。其の善き者を擇《えら》びて之に従《したが》い、其の善からざる者にして之を改む。（述而篇）

三人のうちの一人は自分のこと。他の二人の行動や言動の中に自分の師とすべきものが必ずある。その良いものを選んで自分もそれを見習うし、良くないと思うものが自分にあれば改めればよい。

孔子は善人悪人ともに自分にとっての先生だとして、接する人すべてから学ぼうと志しました。それに加え、古今の書物を貪《むさぼ》るように読んで、知識を蓄えていったのでしょう。

しかし、孔子は現代の学者のように、生活が保障をされた中で学んだわけではありません。十九歳で結婚し、二十歳のときに長男が生まれるのですが、家は貧しく、家計を助けるために働かなければなりませんでした。多少、学問的には優れているといっても、社会的にはなかなか通用しませんから、穀物倉庫の管理係や家畜の飼育係になるなど貧しい生活を続けながらも、貪欲なほどよく学んだのです。

だから『論語』の中でも、

子曰《のたま》わく、十室《じゅっしつ》の邑《ゆう》、必ず忠信丘《ちゅうしんきゅう》が如《ごと》き者有らん。丘の學《がく》を好むに如かざるなり。

（公冶長篇）

という言葉があります。丘は孔子の名です。「家が十軒あったら、なかには私ぐらい心の誠、忠信のある者はいるだろう。しかしながら、私ぐらい学問を好む者はいない」と、自信ありげに自らを表現しているのです。

人間というものは、このように外部から知識を取り入れると、中身が充実してきます。中身が充実してくると、それは自然に外に表れてきます。言葉一つとっても風韻《ふういん》を発するようになります。そういう人格を「風格」といいます。

その風格が出るようになると、自分が宣伝しようと思わなくても周囲の者が自然と「あの人は立派な人だ。どうして、あんなに立派になったのだろう」と宣伝してくれます。すると、「彼について学ぼう」「教えを受けよう」という者が一人、二人と増えていき、三十歳になる頃には相当な人数になってきました。

そこで、孔子は「これならなんとか、訪ねて来る者に教えていけば、生活も成り立つだろう」と考え、「三十にして世の中に立つ」のです。これが「三十にして立つ」ということです。

学びて厭わず、人を誨えて倦まず

しかし、まだあまり名も知られていない者がひょこっと塾を開いたりするものですから、あちこちから反発の火の手が上がります。特に学者連中からは「身の程も知らない」と、激しく批判されました。このように外部からの批判を浴びるにしたがって、「自分は自信と信念を持って立ったはず」だったけれども、孔子にもいろいろな迷いが生じてきました。こうして三十代は、随分迷ったことだと思います。

それでも自学自習の態度は変わりませんでした。「學《まな》んで厭《いと》わず、人を誨《おし》えて倦《う》まず（学問というものは学べば学ぶほど新しい境地が開け、それにともなって新たな責務を感じるものだが、嫌気を起こさずに学問を持続する。また人に教える際に、相手はなかなか、こちらの言っていることを納得しないが、そのために熱意を失わない）」という生き方を、ずっととり続けました。

それが四十歳になると、ちょっと落ち着きを持ってきます。それまで雑然と取り込んできた知識・学問に統一が生まれ、正確に判断を下すことができるようになりました。それとともに社会的にも信頼を得ていったのです。これが「四十にして惑わず」です。

こうして、正規の教育を受けずに独学的生き方を取りながら、孔子は相当に高いところに至ります。彼は、初めの「立志」を変えることなく貫き通したのです。

「五溺」――陽明先生の遠回り

一方、陽明先生は比較的恵まれた家庭で育ちました。しかし特別に裕福であったとは言えません。彼が十歳の頃、父親が進士の試験（科挙）に合格し、役人として勤め始めて経済的にもだいぶ恵まれてきます。陽明先生は、現在の上海市の南方・寧波《ねいは》市近くで生まれますが、父が北京に赴任して家族を呼び寄せるのです。

北京に移った陽明先生は、科挙に合格するための塾で学びます。そこの先生に彼は、「人は、なぜ学ぶのでしょうか」と質問したところ、塾の先生は「しっかり勉強して進士の試験に合格をし、将来、大いに出世することではないか」というようなことを答えました。この答えは当時としては、間違ってはいません。大部分の子がそう思っていたでしょう。現代でも、なんのために勉強するのかと問えば、多くの人が、いい大学を卒業して一流企業に勤め、高い地位に就いてあわよくば社長にもなろう、というように答えるのではないでしょうか。

ところが、陽明先生は「私は先生のようには思いません。立派な人物になる、聖賢になっていくために勉強をするんだと思います」と答えました。すると塾の先生は驚愕《きょうがく》し、お父さんも、自身が進士の試験に優秀な成績で合格し、息子にも期待していましたからびっくりしたと言われています。

このように陽明先生は、十二、三歳そこそこで聖賢を目指す志を立てました。しかしその後、先生は多彩な能力も才能もありましたから、儒教（朱子学）以外のさまざまな分野に関心を持ち、深く溺《おぼ》れていきます。これを一般的に「王陽明の五溺《ごでき》」と呼んでいます。

最初に溺れたのは「任侠《にんきょう》」の世界でした。弱きを助け強きを挫《くじ》く男の世界です。次に溺れたのは「騎射」。馬に乗って弓を射ることで、いわば軍事学です。三番目は「辞章」、つまり詩などの文学でした。次いで四番目は不老長寿を追求する「神仙（道教）」です。霊感術なども身につけ、非常に勘が鋭くなったと言われています。そして最後は「仏教」でした。こうして陽明先生は遠回りをし、苦しみながら、三十五歳のときに再び儒教に戻っていくのです。

誰よりも早く「立志」した藤樹先生

藤樹先生も正規の教育を受けた人ではありません。農民として生まれたものの、九歳で武士であったお祖父さんの跡取りとして養子となり、米子に移ってから基礎的な文字の勉強などを始め、それ以後も特別に偉い先生につくわけでもなく、まさに自学自習で学問を修めていきます。

しかし、前にも述べたように「立志」は早く、『大学』の中にある「天子自《よ》り以《もっ》て庶人《しょじん》に至るまで、壹《いっ》に是《こ》れ皆身を修むるを以て本《もと》と爲《な》す」という一句に感動をして、「よし、おれは一つ、身を修めて立派な人物になろう」と聖賢を志しました。

だからいまでも、藤樹先生の生まれた旧小川村（現滋賀県高島市）とその周辺地域では、十一歳になると藤樹先生にあやかって「藤樹書院」に参る行事が伝統的に続いています。

このように、孔子、王陽明、中江藤樹の三先生とも、その志は一つであります。

世に優れた学者は、中国にも日本にも出てきますが、その多くが学問・知識を集積することを志す「問学」を生涯続けています。ところが、孔子、王陽明、中江藤樹の三先生は、究極のところで道を求める「求道」に重点を置いた人たちです。三者は、この「聖賢に志す」という「立志」の点で一致するわけです。

日々の反省を忘れなかった孔子

孔子は、

子曰《のたま》わく、吾《われ》十有《じゅうゆう》五《ご》にして學《がく》に志し、三十にして立ち、四十にして惑わず、五十にして天命を知り、六十にして耳順《したが》い、七十にして心の欲する所に従《したが》えども、矩《のり》を踰《こ》えず。（爲政篇）

と自らの生き方を語っており、「孔子は、順を追って成長した人だ」と一般的には言われております。そして、孔子の一生にあやかって我々も努力をすれば、孔子と同じように高い境地に到達できるのではないかと思われています。

ところが、孔子という人は、非常に自己反省する人でした。

『論語』の中にある、孔子の一の弟子である曾子の「吾れ日に吾身を三省す。云々」という言葉は、孔子自身のことでもあると前に紹介しました。また、反省するということは、自分自身を心の鏡に映してみることだ、とも述べました。

この「心の鏡」は、我々誰もが生まれながらに与えられている「良心」のことです。あるいは陽明先生が大切にした「良知」と言い換えてもいい。ところが「心の鏡」＝「良心」が曇ると、真実が映らなくなってくる。その結果、無軌道的な言葉や行動を取るようになるのです。世の中で「あの人は、立派な人だ」と評判の人が

「心の鏡」が曇って過ちを犯すことも多々あります。「心の鏡」の曇りを澄ます方法には、行をするなどいろいろあるでしょうが、要するに常に自分を「心の鏡」に映して反省することによって、真実かどうかが分かるわけであります。

孔子は「四十にして惑わず」と、えらく自信ありげに言っております。おそらく、三十代まではいろいろ迷っていたけれども、「心の鏡」が澄むに従って物事を正確に判断できるようになったという自信の表れでしょう。すると世の中からの信頼も高まり、教えを請うたり、頼る人も増えるようになってきます。

人間の知識や知恵を超えた高みを目指す

しかし、孔子も全能の神ではありませんから、時には判断を誤ることもあります。特に、日々反省し「心の鏡」を磨いてきた孔子にしたら、「心の鏡」が澄めば澄むほど、一般の人には分からないような間違いも、本人には見えてきてしまったことでしょう。ところが、いったん「あの人の言うことに間違いはない」という評価をもらってしまうと、なかなか本人の口から「あれは間違っていた」とは言えないものです。いくら偉い孔子でも四十そこそこの頃は同じであったろう、と孔子の生涯より二十四年も歳の功を重ねた私は推測します。

そこで、間違いのない判断や教えを得る道はないものか、と考えに考えます。そして四十代の半ばを過ぎた頃に、「自分のこれまでの判断は、それまでに学問などで修めた知識をもとに結論を出していた。つまり自分の判断は、すべて他人からの借り物であった」ということに気がつき、人間の知恵や知識を超えた、もう一段高いところから判断を下す必要がある、と結論づけます。その結果、「天」ということを真剣に考えるようになるのです。

命を賭けた「朝に道を聞けば、夕に死すとも可なり」

天のことを主に説いている学問が「易学」です。「易学」は、天に通じる道を説く学問で、『易経』という教科書があります。孔子は、おそらく「易学」を学ぶために『易経』を繰り返し読まれたことでしょう。「韋編《いへん》三度絶つ」と、おっしゃっていいます。韋編というのはなめし革のことですが、孔子の時代の書物は文字の書かれた竹片や木片をなめし革の紐で結んでいました。その丈夫な革紐が、何度も読むうちに切れてしまい三度も取り替えた、というのです。

しかし、『易経』を読み、「易学」の知識は十分に得たものの、それだけでは目指す「天」は分かりませんでした。知識を積み重ねていく従来のやり方では、超え切れないものが「天」にはあったのです。その結果、孔子は迷路に入り込んだような状態になってしまいました。

ここでお釈迦様の場合、山にこもったり、あちこちで難行苦行をすることで道を悟りました。しかし孔子は違いました。家族や弟子たちと普通の生活をしながら、「天」を知ろうとしたのです。だからこそ悩みも深かったのです。

『論語』の中に「朝《あした》に道を聞けば、夕《ゆうべ》に死すとも可なり」という有名な言葉があります。解釈はいろいろあるのですが、一般的には「朝に正しい道（天道）を聞くことができたならば、その日の晩に死んでもよろしい」と訳されている言葉です。この言葉を『論語』の研究者でさえ、「ああ、孔子、こんなことも言っているな」という程度に、すっと通ってしまう人が多い。

しかし、孔子は、「求める道が分かれば死んでもいい」と言っているわけですから、人間の一番大切な命を賭けている。この決意は、ものすごく重いものだと私は考えています。

五十にして天命を知る

こうした大変な苦悩の後に、孔子は一つの悟りを開きます。それは、長い間、修めてきた学問や経験など、それまで持っていたものをすべて捨て去ったところで、孔子は「天」を見たのです。

捨て去るということは、忘れることです。蓄積した知識も、財産も、何もかも忘れる。忘れることは持たないことと同じです。しかし、よほどのことがないと、そうした気持ちには、なかなかなれないものです。

こうして孔子は「五十にして天命を知る」。いわゆる天地が開けていくのです。そして、その後の孔子の行動は、それまでと大きく違い、充実したものになっていきます。「天命」を知り、そこから人間の世界を見つめた孔子の言葉には非常な深みが加わりました。

また、「天命」を知ったことが、孔子に永遠の命を与えたと私は思っています。現に亡くなってから二千五百年もたったいまでも、孔子の言葉は生き方の指針として輝きを放っています。私が今日、孔子のお話をしているのも、孔子がいまもなお生きている証拠です。まさに「道縁無窮《むきゅう》」です。

こうして孔子は、七十三歳で孫や弟子たちに見守られながら静かにこの世を去っていかれました。これも孔子らしい亡くなり方でした。というのも、同じく「天命」を知ったお釈迦様は旅先で亡くなり、キリストは磔《はりつけ》にされ、無残な死に方をしました。それに対して孔子は、まったく他の人と同じ生活をしながら、静かにこの世を去っていった人であります。

幾多の困難はあったものの、なんと幸せな世の去り方でしょうか。

その点で陽明先生も、藤樹先生も、相通じるものを持っています。次は、陽明先生と藤樹先生について、述べたいと思います。

天命を知った陽明先生に訪れた三十五歳の大転機

陽明先生は、孔子と異なり、十三歳で母を失います。しかし前述の通り生活面での苦労はあまりありませんでした。しかし、思想面では「五溺」と言ってさまざまな分野に傾倒して煩悶《はんもん》を繰り返し、進士の試験にも二回落ち、三回目にようやく合格するなど、苦労しました。そうした苦労を重ねながらも、相応の地位が与えられ、官界に入っては、まずまず順調な道を歩んでいました。

そんな彼に、三十五歳のとき、大きな転機が訪れます。朝廷の実権を握っていた宦官《かんがん》の劉瑾《りゅうきん》の横暴ぶりを弾劾《だんがい》して投獄され、杖刑《じょうけい》（むち打ち刑）四十回に処せられた上、貴州省竜場に左遷されてしまうのです。

竜場というところは、現在のベトナムの国境に近い未開の地で、人々は木の上や洞窟に住み、言葉も通じないところでした。陽明先生には数人の従者がいましたが、彼らが先にホームシックにかかり、ノイローゼ状態になったため、陽明先生が彼らの世話をすることになるなど、苦しい生活を強いられました。さらに土地の人々からは「中央から、こんなところへ流されてくるのだから、よほどの悪人だろう」と、疑惑の目で見られます。

そこで先生は、「もはや人間を相手にするわけにはいかない。私はただ天の命じるままに従うだけである」と日夜、石のくぼみに座り、必死で自己自身を見つめ直しました。するとある日、忽然《こつぜん》と目の前が開けたのです。それは「（聖人の道は）吾性に自ら足る」ということでした。すなわち、これまで他人にそれを求めたのは、大きな過ちであった。吾れは生まれながらにして、すべてそれを天から与えられている、ということに思いが至ったのです。いわゆる孔子と同じように、「天命」を悟ったのです。

「言挙げをしない」日本の神道が藤樹先生に教えた天の存在

一方、藤樹先生が天命を知るのは、陽明先生や孔子よりも早く、三十代の始めの頃でした。

藤樹先生は二十七歳のときに、母への孝養を果たすために仕えていた伊予大洲藩を脱藩までして故郷・小川村に帰ってきます。当時、脱藩は最悪、極刑に処せられる大罪でした。先生は幸い藩の咎《とが》めを受けることはありませんでしたが、ここで一つの死線を越えたということができます。

その後、三十歳が過ぎると藤樹先生は伊勢神宮に参拝しています。当時の漢学者にして神道の伊勢神宮にお参りする人は、非常に少なかったわけであります。私はおそらく、この伊勢神宮への参拝で彼は、天の存在というものをはっきりと認識するようになったのではないかと思っています。

そして、三十七歳で『王陽明全集』を手に入れた藤樹先生は、「自分の考えと同じ考えを持っていた」王陽明に大いに共感するのです。後世の学者の多くは藤樹先生のことを「日本陽明学の始祖」と呼びますが、私は、藤樹先生は『王陽明全集』を手に入れる以前に、既に天に通じる心境が開けており、先生独自の「藤樹学」とも呼べる教えを確立していたと考えています。それが『王陽明全集』を読んだところ同じ考えだったのではないでしょうか。

その意味で、藤樹先生は陽明先生や孔子よりも若くして、天に通じる心境を開いていたと言っていいと思います。

こうした後、藤樹先生は四十一歳の若さで亡くなってしまわれますが、生涯、日本の優れた学者について学んだわけでもなく、当時の大学者のように万巻の書を読んだという人でもありません。それにもかかわらず日本思想を体得した学者という点からすると、藤樹先生がその筆頭に上げられるのは、日本の神（天）の思想を最も早くに悟っておられたからだと言って間違いないと思います。

日本の神道は「言挙げをしない」といって、理屈ではなく体で悟ることを重視しています。

平安時代末期、伊勢神宮を訪れた西行は、当時、坊主姿ではお参りできなかったことから、五十鈴川《いすずがわ》の対岸まで下がり、遥かに神宮を拝して「何事のおはしますかは知らねども　かたじけなさに涙こぼるる」と詠みました。

彼方の神宮に何があるかは分からないけれど、確かにそのありがたさが伝わってきて、自然に涙がこぼれてきた、ということですが、「涙こぼるる」ということは、まさに「言挙げをしない」、言葉を超えた世界です。それは言葉では表現できない天（神様）のありがたさを体で感じていることを表しており、それこそが日本神道の精神です。

いずれにしても、この三人の先生には「天命を知った」という共通点があります。万巻の書を読み、知識は非常に豊富で「知らざることなし」というくらいの天下の大先生といえども、この「天命を知る」ところまで到達した人は非常に少ない。だから三人は、学問から入って、本当の意味の道を求める「求道」に転化した。これが三人の共通したところであると思うのであります。

悪所であるが故に良くなるまで努力する

共通するという点からすると、もう一つあります。

『論語』に、

子、九夷《きゅうい》に居《お》らんと欲す。或《あ》るひと曰《い》わく、陋《いや》しきこと之を如何せん。子曰《のたま》わく、君子之に居らば、何の陋しきか之有らん。（子罕篇）

と、あります。

「九夷」の「夷」は、いわゆる漢民族が自らを「中華」と呼んだのに対して、周囲の諸民族を文化の遅れた野蛮な地域という意味を込めて、「東夷《とうい》」「西戎《せいじゅう》」「南蛮《なんばん》」「北狄《ほくてき》」と呼んだうちの「東夷」を指します。「夷」は人が弓を持っている姿を表し「戎」は戈を持っている姿で、いずれも野蛮人の意味。「蛮」と「狄」には虫とけもの偏がついていて、虫けらと獣を意味しています。したがって「九夷」とは東方に九種の異民族がおったのでしょう。倭国（日本）もその一つです。

孔子は、朝に夕を謀ることもできず、弱肉強食の争いを繰り広げているいまの世の中を「なんとか正常にしていきたい」というのが、生涯の願いでありました。そのために随分、苦労をしながら各地を巡るわけですが、なかなか自分の思うことを、当局が受け入れてくれません。

そこであるとき、これは、どうも冗談だろうと思いますが、「いっそのこと九夷にでも行ってみようと思う」と言いました。それを聞いたある人が「野蛮なところでございますので、どうしてお住まいができましょうか」と尋ねました。それに対して孔子は「君子がそこに住めば、（文明の風が吹き）だんだん野蛮でなくなっていくよ」と答えたというのです。

また、仏教の『悲華経』の中に、「穢国《えこく》成仏　悪世成仏　菩薩《ぼさつ》大悲ノ至極ナリ」という一節があります。

「穢国」というのは汚れた国ということです。その汚れた国の人々が皆、立派になるまでは、わしは仏の座について、成仏はしない。悪い世の中で、これをよくするためにわしは動くのであって、一人でも悩む者があったら、それをすくい上げずにはおかない、という意味です。
「菩薩」は、仏の心を持って人間の道を行う存在ですから、「上求菩提《じょうぐぼだい》、下化衆生《げけしゅじょう》」といって、上の方に対しては悟りを開いていきますが、下に向かっては、ちゃんと感化していく。すなわち、人間をすくい上げていくのです。

孔子も、この乱れた世の中を「古代に栄えた周国の始めの時代のような理想国家に仕上げたい」というのが、生涯の志であります。したがって、悪いからといってその場所を捨てるのではなく、悪いが故に良くなるまで努力をする。「何の陋しきか之有らん」。すなわち、未開の土地といえども立派な人物がそこへ行ったら、自ずからそれを感化し、立派な社会が出現する。この「何ぞ陋しき」が、孔子の心であります。

「何の陋しきか之有らん」に共感した陽明先生

それが、陽明先生になりますと、前述のとおり、人里離れた、人間らしい生活が営まれてない南方の蛮族のところに左遷され、始めは随分悩んだでしょうが、いわゆる天の道を悟ってからの変化は大きく、「万物一体の仁」と言って「すべてのものが、一体だ」という目が開けてくるにしたがって、蛮族も先生に非常に懐いてくるようになるのです。

一方で、陽明先生も、彼らがよくなるように努めるわけですが、しばらくして「立派になるためには教育が必要」であることから、土地の人たちも協力して学校を開設します。

その学校を「龍岡書院《りゅうこう》」と言います。書院の中には三つの建物ができました。一つは「何陋軒《かろうけん》」、残る二つは「君子亭」と「玩易窩《がんえきか》」です。「君子亭」は、おそらく応接室だったと思われます。また「玩易窩」の「窩」は穴という意味ですが、易をもてあそぶ窩（家）でした。陽明先生は「易」にも深く入り込んだ人で、言葉もなかなか通じない未開の地で、静かに易を楽しんだことでしょう。

そしてもう一つの「何陋軒」の名称は、孔子の「何の陋しきか之有らん」からとられたものです。ということは、孔子の心と相通じるものがあったということです。

陽明先生は、竜場に左遷されている間に『何陋軒記』を著しています。安岡正篤先生の『陽明学十講』の中に出てくる冒頭の部分を紹介しましょう。

昔、孔子九夷に居らんと欲す。人以て陋《ろう》と為す。孔子曰《のたま》わく、「君子これに居る、何の陋かこれあらん」と。（『陽明学十講』財郷学研究所）

これは、『論語』の言葉です。

次の「守仁」というのは、陽明先生の名前であります。

守仁・罪を以て竜場に謫せらる。竜場は古の夷蔡《いさい》の外なり。今において要綏《すい》と為す。而して習類尚ほその故《こ》に因る。（『陽明学十講』財郷学研究所）

この「竜場」というところは、いわゆる西戎、南蛮、北狄よりももっと外だというのです。

人みな予が上国自《よ》り往くを以て、将にその地を陋として居る能はざらんとす。而《しか》も予これに処ること旬日、安じてこれを楽しみ、その所謂《いわゆる》甚陋なる者を求むるに得ることなし。独りそれ結縄《けってい》・鳥言・山棲羝《てい》服にして、軒裳宮室の観・文儀揖譲の縟《じょく》なきのみ。然れどもこれ猶ほ淳龐《ぼう》質素の遺なり。蓋《けだ》し古の時、法制未だ備はらざればすなはち然るあり。以て陋と為すを得ざるなり。（『陽明学十講』㈶郷学研究所）

〈予《わたし》は罪人としてこの地に流されることになって、上方からこの地へ向かったが、人はみな、そこは鄙陋《ひろう》なところだから、とても住めないだろうといった。しかし、実際ここに住んでみると、心は安らかで楽しく、鄙陋という感じは少しもない。

ここはまったくの蛮地で、殆《ほとん》ど文化の恩恵には浴していないが、純朴質素の風が遺っていて、太古の風がある。だから、鄙陋とはいえない。それに対し、本土の人々は風采は立派だが切実さがなく、却って鄙陋である。ここの蛮地の人々にはそれがない。直情のところがあって風采は上がらないので、世間の人々は鄙陋というが、予はそうは思わない〉（『王陽明大伝 二』岡田武彦・著）

というふうにして、「ここは、本来は陋であるけれども」というふうに略して次。

始め予至れども室の止まるべきなし。叢棘《そうきょく》の間に居ればすなはち鬱す。東峰に遷り、石穴に就いてこれに居る。また陰にして以て湿なり。

竜場の民老稚日に来りて予を視る。予が陋とせざるを喜び、益々予と比しむ。予嘗て叢棘の右に圃《ほとり》す。民予のこれを楽しむを謂《おも》ひ、相与に木閣の材を伐り、その地に就いて軒を為《つく》りて以て予を居らしむ。予因ってこれを翳《おお》ふに桧竹を以てし、これに蒔くに卉薬《きやく》を以てす。堂階を列《つら》ね、室奥を弁ず。琴編図史講誦遊適の道略々具はる。学士の来遊する者亦た稍々に集まる。ここにおいて人の吾が軒に及ぶ者、通都に観るがごとし。而して予も亦た予の夷に居るを忘る。因ってこれを名づけて何陋と曰ひ、以て孔子の言を信ず。

嗟々《ああ》それ諸夏の盛なる、その典章礼楽は歴聖修めてこれを伝ふ。夷は有する能はざるなり。すなはちこれを陋と謂ふも固より宜なり。後において道徳を蔑《なみ》して法令を専らにし、捜袂鉤縶《ちゅう》の術窮まりて狡匿譎詐至らざる所なく、渾朴尽けり。夷の民は方《まさ》に未だ琢《みが》かざるの璞《はく》、未だ縄《ただ》さざるの木のごとし。粗礪頑梗と雖も、而れども椎《つい》

斧尚ほ施すあるなり。安《なん》ぞ以てこれを陋とすべけんや。これ孔子ために居らんと欲せし所なるか。然りと雖も典章文物すなはち亦た胡《なん》ぞ以て講ずるなかるべけんや。

（『陽明学十講』㈶郷学研究所）

〈ここに来た当初は、住むべき家とてなく、いばらの生えた草むらの中に住んでいたので、憂鬱《ゆううつ》であった。やがて東の峰に遷《うつ》って、そこの石窟に住んだが、ここは陰湿であった。竜場の人たちは、老いも若きも毎日予のところに来て予のすることを視ていたが、お互いにだんだんと親しみ合うようになった。

予はいばらが生えている草むらの右の方の地で畑を作っていたが、皆なは予が畑作りが好きなのだと思い、木材を伐って、そこに小屋を建てて住まいを造ってくれた。そこで予は桧や竹で屋根を覆い、花や薬草を植え、階段や奥座敷を造り、琴をおき図書を備え、読書したり遊楽したりする資料もだいたい揃った。すると、来遊する諸生もだんだん多くなった。そのために、予は我が身が蛮地にいることを忘れ、まるで都会にいるような感じがした。そこで、この小屋を「何陋軒」と名づけたのであるが、孔子がいったことは、まったく事実である。

本土には、歴代の聖人が作った制度・文物・礼楽が伝わっているが、蛮地にはそれがない。だから鄙陋だといわれるのも、当然のことであろう。ところが後世になると、本土では道徳が軽んじられて法令ばかりが厳しくなり、権謀術策・狡猾詐偽が横行して、純朴の風がすっかり失せてしまった。蛮地の人たちは、いわば磨かぬ玉、削らぬ木材のようなもので、粗雑ではあるが手を加えれば立派な玉になり、木材になるものである。だから、これを鄙陋といって軽蔑すべきではない。したがって、孔子がこのような蛮地に住みたいといったのも、無理からぬことである。

しかし、制度・文物・礼楽を修めて風俗を善くすることは必要である。ここの蛮地の風俗を見ると、迷信が深く、礼を汚し、情に任せて行ないをするので、なすことが当を得ず、そのために鄙陋を免れないところがあるが、それは制度・文物・礼楽を修めないからである。これを修めたからとて、その純朴の質が損なわれるわけではない。まことに君子たるべき人が居れば、ここの風俗を善導することは至って容易である。予はその任に当たらないが、ただ、このことを記し、将来、君子がここに来ることを期待する次第である〉(『王陽明大伝 二』岡田武彦・著)

とあります。

結局、陽明先生は、この孔子の「何の陋しき」というところから、その蛮地の学校の中の建物に「何陋軒」と名づけました。ということは、孔子の心と、相通ずるものがあったということであります。

日本で初めて「聖人」と呼ばれた藤樹先生

藤樹先生も『王陽明全集』にあったこの文章に感銘を受けた一人です。先生は『何陋軒記』の原文（漢文）を半切にお書きになり、自分の部屋に置いておかれました。その実物がいまでも残っており、「藤樹記念館」に保管されています。

藤樹先生は小川村に帰りますと、大洲から従ってきた雇い人に、持ち金の三分の二を渡して帰郷させ、残りの三分の一のお金を元手に居酒屋を始めることは、第五講で紹介したとおりです。

武士の身分を捨て、居酒屋を営むなど、普通の人では、なかなかできることではありません。まして、僅か二十八歳の青年です。世間体というものもあるにもかかわらず、敢えて居酒屋を開業したということは、「ここで、その土地の人たちを啓発しながら、立派な社会をつくっていこう」という志を持ってのことであったろうと私は思います。そして、ここで後年、『何陋軒記』を筆写して自分の部屋に置いたということは、藤樹先生もまた、孔子や陽明先生の言う「何の陋しき」と心が通じ合ってのことでしょう。

孔子の享年は七十三、陽明先生は五十七、藤樹先生は四十一ですが、死後、孔子は「世界の聖人」として仰がれ、藤樹先生は日本の学者としては初めて「聖人」と称せられます。数多《あまた》いる日本の大学者の中で、藤樹先生がそう呼ばれるということは、その心境が、既に三十代の頃から孔子の心境にも到達していた、ということです。それは同時に、天を知っていたということでもあります。互いに天を知ってるところに、相通ずるものがあったというわけです。

「何陋島」と名づけた不肖・私とユースアイランド

最後に、私事で恐縮ですが、私も「何陋」というものに縁があるものですから、ちょっと触れさせていただきたいと思います。

昭和二十年代の後半、国内に蔓延《まんえん》する大学紛争の中で、「日本を背負って立つ大学生が、あんな生き方を長くしていたのでは、日本の将来のために禍根《かこん》を残す。なんとかして、真面目な青年を正常に育てたい」という気概を抱いて、大阪と京都の中程に、寝食をともにしながら朝夕坐禅をし、『論語』を講じる「有源学院」という私塾をつくりました。ここに京都大学、大阪大学の学生を中心に、一部、同志社大学の学生も加わり、連日、活発な議論が噴出しました。私も当時はまだ三十代でしたから哲学科のモサ連中を相手に徹夜で論争し、一週間ほど声が出なくなったことがあります。

ところがこれが、昭和三十年代の中頃になると、新しく入ってくる学生が、皆、おとなしい。何でおとなしいかというと、大学で良い成績を取らないと、いい会社に就職ができない。そのためには大学の勉強を一所懸命にやるようになったというのです。

そして、この傾向は年々、激しくなり、青年たちの中からフロンティアに挑むパイオニア精神が失われていきました。「このままではまずい。なんとかしてパイオニア精神を養成することを考えねば」と思っていた矢先、昭和三十八年の正月に「青年のために、ユースアイランドをつくる」という初夢を見たのです。そしてこのことをある雑誌に発表したところ、全国から「適当な無人島がある」という反響が寄せられたのです。

私はあれこれ考えた末、大阪に一番近い香川県の無人島を探すことにし、県の協力で周囲四キロメートルほどの風光明媚《ふうこうめいび》な無人島を借用することができました。上陸初日、すでに高島という島名はあるものの、より相応しい名前にしようとつけたのが「何陋島」です。出典はもちろん、『論語』の「君子之に居らば、何の陋しきか之有らん」です。

以来三十年、夏の暑いときに多くの青年がこの島に渡り、開墾《かいこん》とまではいきませんが開発作業に汗を流しました。二年目の昭和三十九年には、彼らが素朴な茶室を建て、それに私が「月心閣」と名前をつけ、海岸に流れ着いた石炭箱を机代わりに陽明先生の『何陋軒記』を浄書しました。

その後、昭和四十四年には、四条畷《しじょうなわて》の人里離れた山中に「成人教学研修所」を開設。そこに何陋島で書いた『何陋軒記』の額を掲げて、名前を「何陋の間」としたのであります。

一方、「何陋島」の開設を最も喜んでいただいたのが安岡正篤先生でした。先生は昭和三十八年十一月に同島を視察され、一篇の詩を詠まれたので紹介します。

何陋島口占

安岡正篤

何陋蒼波の上　危松海風に嘯く
如今は逐客に非ず　閑詠して天工を楽しまん

意味は以下のとおりです。

何陋島で口ずさむ

安岡正篤

何陋島は青く波立つ海上に浮かんでいる。

海に突き出た崖の松は、潮風に吹かれて
松風の音をひびかせている。
今日は王陽明のような追われる身ではない
悠々詩を詠じて、
この造化の妙を心行くまで味わい
楽しみたいものだ。

安岡先生は王陽明に思いを馳せて、この漢詩を詠んでくださいました。
孔子、王陽明先生、中江藤樹先生、安岡正篤先生いずれも「何の陋しきか之有らん」ということを心に抱き、終生人々の為に尽くした偉大な永遠の先達となる人物でした。

編集後記

労謙《ろうけん》す。君子終わりあり、吉なり――と『易経』にあります。骨を折って働いても謙遜してそれを誇らない。それが君子の徳であり、長く地位を保って終わりを全《まっと》うし幸福を得る道だ、ということです。

伊與田先生の人生を歩まれるお姿は、この言葉にぴったり重なります。伊與田先生は七歳で『論語』の素読を始められ、膨大な聖賢の教えに通暁《つうぎょう》しておられますが、数え九十八歳になられたいまも一学徒そのものの真摯な姿勢で古哲《こてつ》の教えに向かっておられます。

先生に親しくご指導を仰ぐようになって十年になります。教えていただいたことは数多ですが、中でもいまも胸の奥に響いている言葉が二つあります。

「自己自身を修めるにはあまり効果を期待せず、静々《しずしず》と人知れずやられるといい。それを二十年、三十年と続けていくと、風格というものができてくる」

先生ご自身がその覚悟で学びの道を深めてこられたのでしょう。

もう一つはこうです。

「西洋の老いは悲惨さがつきまといますが、東洋的な老いは人間完成に向けた成熟期なのです。年を取るほど立派になり、息を引き取る時にもっとも優れた品格を備える。そういう人生でありたいものです」

つくづく、先生は求道の人だと思わずにはいられません。知識を得るためではなく、修己修身、吾づくりのために学び続けてこられた人だということです。

本書は、昨年伊與田先生が「いかにして人物となるか」と題して六回にわたって話された講義録に、先生自らが筆を加えられてまとめたものです。

本書によって吾づくりに燃え立つ人の一人でも多からんことを願って止みません。

なお、本書は伊與田先生の十一冊目の著作になります。この十年の先生とのご交誼を通じて十一冊の結晶を生み得たことを、そして、それを心ある読者の皆様にお届けできることを、なによりも嬉しく思います。

平成二十五年二月　春立つ日近く

編集発行人　藤尾秀昭

参考文献

『仮名論語』伊與田覺著　成人教学研修所
『王陽明研究』安岡正篤著　明徳出版社
『伝習録』安岡正篤著　明徳出版社
『王陽明大伝二　生涯と思想』岡田武彦著　明徳出版社
『陽明学十講』安岡正篤著　（財）郷学研修所

著者略歴
伊與田覺（いよた・さとる）
大正5年高知県に生まれる。学生時代から安岡正篤氏に師事。昭和15年青少年の学塾・有源舎発足。21年太平思想研究所を設立。28年大学生の精神道場有源学院を創立。32年関西師友協会設立に参与し理事・事務局長に就任。その教学道場として44年には財団法人成人教学研修所の設立に携わり、常務理事、所長に就任。62年論語普及会を設立し、学監として論語精神の昂揚に尽力する。
著書に『「人に長たる者」の人間学』『「大学」を素読する』『己を修め人を治める道 「大学」を味読する』『「孝経」 人生をひらく心得』『人物を創る人間学』『安岡正篤先生からの手紙』『中庸に学ぶ』ほか、『「論語」一日一言』の監修（ともに致知出版社）などがある。

いかにして人物となるか

平成二十五年三月一日第一刷発行

著者　伊與田　覺
発行者　藤尾　秀昭
発行所　致知出版社
〒150-0001東京都渋谷区神宮前四の二十四の九
TEL（〇三）三七九六―二一一一
印刷　㈱ディグ　製本　難波製本
落丁・乱丁はお取替え致します。　（検印廃止）

ISBN978-4-88474-990-3　C0095
ホームページ　http://www.chichi.co.jp
Eメール　books@chichi.co.jp